KB040553

다음 세대를 생각하는
인문교양 시리즈

창의성이 없는 게 아니라
꺼내지 못하는 것입니다

새로운 생각을 만드는 상황의 힘

김경일 지음

샘터

인간은 능력보다 상황이다

저는 인지認知심리학자입니다. 인지심리학은 인간의 사고 과정을 과학적인 방법으로 연구하는 학문 분야입니다. 그래서인지 정말 많이들 이런 말씀을 하세요. 창의적인 사람을 어떻게 알아보고 뽑을 수 있느냐고. 수많은 심리학자나 교육학자들이 다양한 창의성 검사를 만들어서 사용하고 있으니 그 질문에 대답해야 할 최소한의 의무가 있습니다. 저 역시 마찬가지고요.

그런데 수많은 검사들이 아무리 치밀하게 만들어졌어도 그 검사에 대한 결과는 예상 외로 유동적입니다. 즉 시점에 따라 편차가 꽤 크다는 것이죠. 각고의 노력 끝에 검사를 더욱 정교하게 만들어 보지만 여전히 이 변동성의 문제에 골머리를 앓고 있습니다.

예를 한번 들어 볼까요? 생애 만족도 검사라는 것이 있습니다. 지금까지의 내 삶에 얼마나 만족하느냐를 검사하는 것입니다. 이 검사를 받으러 학생이 들어옵니다. 그런데 이때 진행자가 사전에 몰래

방문 입구에 500원짜리 동전을 하나 떨어뜨려 놓습니다. 그럼 그 학생은 "응? 500원이 떨어져 있네? 오늘 재수가 좋군!" 하면서 책상에 앉습니다.

자, 이제 이 작은 상황이 어떤 변화를 만들어 낼까요? 그 학생의 생애 만족도 검사 결과치가 한 달 전보다 올라갑니다. 그 한 달 동안 별일이 없었는데도 불구하고 그렇습니다. 직전의 작은 행운이라는 상황이 지금 되돌아보는 자기 생애에 긍정적 시선을 만들어 낸 것입니다. 그 반대로도 가능합니다.

다음 학생이 들어오려 합니다. 이번에는 10만 원 수표를 떨어뜨려 놓습니다. 이번에도 학생은 그 수표를 집습니다. 물론 그걸 본 사람은 없습니다. 그러고는 주위를 살핍니다. 아마도 CCTV를 찾는 것이 아닐까요? 그리고 검사의 문항에 답을 하기 시작합니다. 그 결과는 뭘까요? 이미 눈치채셨겠지만 한 달 전 점수보다 떨어져 버립니다. 마치 누가 "왜 내 수표를 주머니에 넣느냐?"라면서 뒷덜미를 잡을 것 같은 불안한 상황이 순간적으로 자기 생애에 대한 부정적 관점을 만들었기 때문입니다. 이처럼 상황의 힘은 대단하며 즉각적입니다.

심리학뿐만 아니라 다른 학문 분야에 있어서도 그 학문을 구성하고 있는 여러 분야를 구분하는 방법은 다양하기 그지없습니다. 어떤 분류는 '기초 대 응용'의 관점에 근거하고 또 어떤 분류는 '미시 대 거시'의 기준을 활용합니다. 그런데 심리학의 종류를 말해 달라는 분들에게 제가 자주 드리는 말씀이 있습니다.

"심리학을 공부하거나 구분하는 데 있어서 재미있고 꽤 도움이 되는 방법이 있습니다. 사람을 바꿔서 상황에 대응하고 직면하는 것을 돕는 심리학이 있는 반면, 상황을 바꿔서 사람을 변화시키고 성장시키는 데 역점을 두는 심리학이 있죠. 제가 전공하는 인지심리학은 온통 그 관심이 후자에 있습니다."

　인지심리학은 상황을 연구하는 학문입니다. 그 무수한 상황들의 힘을 연구해서 얻은 인지심리학자들의 결론은 한결같습니다. 능력보다 무섭고 강한 것이 상황입니다. 그래서 인지심리학자들은 창의적 인재라는 말을 별로 좋아하지 않습니다. 창의적인 사람과 그렇지 않은 사람의 차이보다 훨씬 더 큰 차이가 관찰되는 곳이 상황이기 때문입니다. 같은 사람이라도 창의적일 수 있는 상황과 평범하게 될 수밖에 없는 상황, 이 둘 사이에 있는 차이는 실로 엄청납니다. 인지심리학은 그걸 보여 드리기 위해 지금까지도 그랬고 앞으로도 수많은 실험들을 밤새워 가며 하는 학문입니다.

　그 결과 최근에는 많은 분들이 이런 이야기를 합니다. "인지심리학은 그 정교한 실험 방법과 데이터를 처리하는 치밀함을 보면 정말 차갑고 이성적인 학문임이 틀림없네요." 이 말에 저 역시 전적으로

동의합니다. 하지만 그다음에 그분들이 하시는 말씀이 훨씬 더 마음에 와닿습니다.

"그런데 그 결과를 조금만 곱씹어 보면 정말 따뜻한 힘이 납니다. 왜냐하면 바꾸기 너무 어려운 나 자신에 대해 자책하고 열등감을 느끼기보다는 상황의 힘을 이용해 노력하면 나도 뛰어난 사람들처럼 될 수 있다는 용기가 나도 모르는 사이에 생기니까요."

나는 하나입니다. 하지만 상황은 무한합니다. 심지어는 직전에 했던 나의 행동까지도 지금의 나에게는 상황이며 물리적 공간, 소리, 온도까지도 다 상황입니다. 게다가 내 옆에 지금 누가 있는가도 상황이며, 지금이 몇 시고 무슨 요일인가도 다 상황입니다. 이 수많은 것들을 놔두고 왜 변하기 힘든 나를 그토록 채찍질하며 자책하는 데만 온통 관심을 두나요.

물론 노력해야 합니다. 열심히 살아야 합니다. 당연히 중요한

요인입니다. 하지만 그 상황을 내 편으로 만들고 난 뒤의 노력은
나를 배신할 가능성이 크게 떨어집니다. 그러니 상황의 힘을 간과
한 채 그저 노력만 한 다음에 맞이하는 실망스러운 결과에 운칠기
삼運七技三을 말하며 운명론에 빠져드는 것은 너무나도 안타까운 일
아닐까요. 역설적이지만 사실입니다.

상황의 힘을 이해하고 받아들이는 것은 나로 하여금 더 그리고
제대로 노력하게 만들어 줄 수 있는 최고의 밑바탕이 됩니다. 이 책
에서 창의적인 사람으로 나를 만들어 주는 수많은 상황의 일부들을
한번 만끽해 보시길 바랍니다. 양이 많아 보여도 아직 빙산의 일각
에 불과합니다.

| 차 례 |

1장

생각의
문을 열다

저는 심리학자입니다. 여러분은 아마 저를 tvN 〈어쩌다 어른〉에서 본 사람이 많을 거예요. 심리학 전공했다고 하면 많은 분들이 우울, 불안, 공황, 강박, ADHD, 다중인격, 정신분열, 사이코패스, 소시오패스에 대해 물어보세요. 하지만 저는 이런 거 잘 모릅니다.

범인 잡는 프로그램을 좋아하는 분들은 저를 '범죄심리학자'로 알고 계세요. 하지만 제가 지목한 사람은 범인이 아니에요. 또 아침방송을 주로 보는 분들은 저를 '행복 심리학자'로 알고 계시는데, 저는 행복심리학도 잘 못해요. 일단 행복한 얼굴이 아니죠? 저는 행복심리학자도 아니고 범죄심리학자도 아닙니다. 저는 우리나라에 몇 안 되는 인지심리학자입니다.

인지심리학자라고 하면 보통 '인지심리학'이 어떤 심리학인지 잘 모르겠다고 하세요. 상담심리학이나 사회심리학은 딱 들으면 뭘 연구하는 학문인지 감이 오는데, 인지심리학은 뭘 하는지 잘 모르겠다는 겁니다. 쉽게 말씀드리면 인지심리학은 문과가 아니라 이과에 가깝습니다. 인지심리학자가 지나가면 다른 심리학자들이 저희를 농담 반 진담 반 이렇게 부릅니다. "어이, 이공계 이리 와." 그만큼 저희 인지심리학자들은 이과 같고, 공대 같아요. 실제로 하는 일도 그런 쪽과 굉장히 비슷합니다.

인지는 사람의 생각이에요. 인지란 말의 뜻은 들어 봤잖아요. "너 인지했냐?" 이렇게 말하죠? 기계 안을 보고 싶을 때 볼트, 너트를 풀어서 해체하듯이, 인지심리학자는 사람의 생각인 인지가 어떻게 작동하는지를 보는 사람이에요. 완전히 공학이랑 비슷해요.

인지심리학은 심리학 중에서도 제일 역사가 짧습니다. 1956년에 출발했어요. 그러니까 70년도 되지 않은 것이지요. 인지심리학이 어떻게 탄생하게 되었는지를 알기 위해서는 심리학의 역사에 대해서 이해할 필요가 있습니다.

쓰레기 창고에서 출발한
괴짜들의 학문

심리학은 200년도 채 되지 않은 학문입니다. 심리학 개론서를 펼치면 '분트Wihelm Wundt의 심리학 실험실로 출발했다'는 말과 함께 현대 심리학의 창시자인 분트의 사진이 실려 있습니다. 그러니까 심리학은 사진기보다 역사가 짧은 학문인 것이지요.

이렇게 짧은 역사를 가지고 있는 심리학 개론서의 첫 줄을 보면 "심리학이란 사람의 마음과 행동을 과학적인 방법으로 연구하는 학문"이라는 별로 도움이 안 되는 설명이 나옵니다. 그런데 심리학 책에 나오는 많은 문장들은 한 단어씩 끊어서 구체적으로 살펴보면 그 말이 왜 나왔는지를 쉽게 알 수 있습니다. 사람의 마음을 연구하는

창의성이 없는 게 아니라 꺼내지 못하는 것입니다

학문이라는 데만 너무 초점을 두면 '과학'이라는 단어를 놓칠 수 있어요.

그렇다면 과학이란 무엇일까요? 과학하는 사람들은 말보다 숫자를 좋아합니다. 과학을 하기 위해서는 객관적인 검증이 있어야 하고, 객관적 검증을 위해 필요한 것이 숫자입니다. 숫자에는 엄청난 묘미가 있는데, 바로 '등간격'입니다. 1과 2의 차이가 1이고, 2와 3의 차이가 1이잖아요. 등간격인 숫자는 사칙연산의 대상이 됩니다. 1 더하기 2는 3이죠? 3 곱하기는 2는 6이죠? 그러니까 다음 상태를 예측할 수 있게 됩니다. 추론이 가능해지는 거죠.

우리 인류는 중세와 근대를 거쳐 현대사회에 들어오면서 자연현상을 숫자로 표현하는 엄청난 진보를 경험하게 됩니다. 예를 하나 들어 볼까요? 어제까지 광주에 있다가 서울에 올라온 친구와 어제까지 대구에 있다가 서울에 올라온 친구가 만났습니다. 그런데 두 친구가 입씨름을 해요.

"어제 광주 허벌나게 더웠서야."

그랬더니 대구에서 온 친구가 이렇게 말합니다.

"웃기지 마라. 어제 대구는 끼깔나게 더웠다."

광주와 대구 중 어느 곳의 날씨가 더 더웠을까요? 더 정확하게는 '허벌나게'와 '끼깔나게' 중 어떤 것이 더 더운 것일까요? 하루 종일, 아니 일주일 내내 싸워도 결판이 나지 않을 문제입니다.

그런데 다른 친구 한 명이 오더니 이렇게 말하는 겁니다.

"어제 광주 35.3도였어. 대구는 37.1도였는데."

그러면 1초 만에 대구가 더 더운 걸로 결판이 납니다. 엄청난 진보입니다. 고도, 압력, 온도, 거리뿐 아니라 우리가 볼 수 없는 수많은 자연 현상-적외선, 초음파까지도 숫자로 표현할 수 있게 되면서 소통이 더 효율적이 되고 빨라집니다. 검증이 간단해지고 다음 상태를 예측할 수 있는, 그러니까 추론할 수 있는 능력을 갖게 됩니다.

이것이 바로 자연과학이 가지고 있는 매력이고, 지난 수백 년 동안 자연과학은 놀라운 진보를 이루어 냅니다. 그런데 인간도 자연의 일부 아닌가요? 그래서 인간의 마음도 수량적으로 측정할 수 있을 거라고 믿는, 당시의 관점으로 보면 아주 불손한 세력들이 등장하게 됩니다.

사람의 마음을 숫자로 한번 표현해 볼까요? "화났어"가 아니라 "10점 만점에 4.2로 화났어"라고 하면 훨씬 더 대화가 빨라질 것입니다. "어, 나는 8.4만큼 화났는데." 그럼 2배가 더 화났다는 말입니다. 예측도 가능해집니다. 사람의 마음을 숫자로 표현하고 싶다는 소망이 실현되면 놀라운 일이 벌어지게 됩니다.

앱을 하나 다운받았는데, 이 앱은 놀랍게도 내가 좋아하는 이성의 마음을 측정할 수 있어요. 일주일 동안 잘해 주고 옆에 가서 말도 걸었더니, '○○의 마음을 얻는 데까지 34% 남았습니다' 하고 알려 줍니다. 다음 1주일 동안 열심히 다가가서 진심을 보였더니 '○○의 마음을 얻는 데까지 24% 남았습니다' 합니다. 그런데 그다음 주는 바빠서 좀 소홀했어요. 그랬더니 앱이 '27%로 멀어졌습니다' 하고 알려 주는 거지요. 이러면 연애 못 할 사람 없겠지요?

말도 안 되는 상상 같지만, 이와 비슷한 상상을 하는 사람들이 2백 년 전에 존재했다는 것이지요. 아마 당시의 관점으로는 절대로 용인되지 않았을 것입니다. 그리고 이런 생각을 했던 사람들은 아마 대부분 철학과 소속이었을 것입니다. 인간의 생각을 연구하는 학문이라는 점에서 철학과 심리학은 같으니까요.

그래서 저는 학생들에게 이렇게 설명해 줍니다. 대략 150~200년 전쯤 자연과학의 눈부신 발전을 목도하면서 자연의 일부인 사람의 마음도 숫자로 표현할 수 있는 그런 날이 온다면 얼마나 엄청난 발전이고 대단한 것일까, 라고 발칙한 생각을 하는 철학과 젊은이들이 있었다고요.

그리고 이 젊은이들은 실제로 자기의 아이디어를 실천하기 시작합니다. 손을 만져 보면서 "감촉이 느껴집니까?" 하고 물어봅니다. 느껴진다고 하면 조금 더 약하게 접촉합니다. 이번에도 느껴진다고 하면 접촉의 강도를 더 낮춥니다. 혹은 소리를 들려주고 강도를 낮추면서 들리는지를 물어봅니다. 이런 원시적인 방법을 사용해서 자극에 대한 인간의 반응을 숫자로 측정해 보려는 구스타프 페히너 Gustav Fechner 같은 사람이 등장하는 것이죠.

당대의 철학자들은 이런 의미 없는 짓거리를 보고는 이들을 학문의 전당인 대학에 두어서는 안 되겠다고 생각합니다. 학계에서 몰아내기 시작하죠. 그래서 결국 최초의 심리학자라고 불리는 분트는 이런 어이없는 실험을 하기 위한 장소로 쓰레기 창고를 선택합니다. 그러니 심리학은 쓰레기 창고에서 시작한, 사람의 마음을 측정한다는 말도 안 되는 얘기를 하고 다니는 괴짜들의 학문이었을 가능성이 큽니다.

행동주의 심리학의
대두

사람의 마음을 숫자로 표현한다는 건 지금에 와서는 우리 삶의 전
반에 녹아들어 있는 현상입니다. 우리가 쓰고 있는 수많은 설문지
들이 바로 그 증거죠. 1) 전혀 아니다 2) 대체로 아니다. 3) 보통이다
4) 대체로 그렇다 5) 매우 그렇다. 우리는 1년에 적게는 몇 번, 많게
는 수십 번 설문에 응답하고 여론조사에 참여합니다.

　　그 결과를 '평균 점수 3.6', '가장 높은 빈도 4' 이렇게 숫자처럼
처리하고 있지요? 이것은 사실 엄청난 변화입니다. 사람의 마음을
다섯 개의 눈금으로 보고, 2는 4의 2분의 1이고 3은 1의 세 배인 것
처럼 취급하고 있으니까요. 이러한 재미있는 경험들을 하기 시작하

면서 심리학은 이후 수많은 기라성 같은 심리학자들을 배출하죠. 그런데 그 과정에서 또 다른 재미있는 현상 하나가 벌어집니다.

1차 세계대전과 2차 세계대전의 발발이 심리학계에 영향을 미칩니다. 두 차례의 세계대전은 유럽에서, 소위 말하는 권력욕에 불타는 정치인들이 수많은 대중을 선동해서 만들어 낸 전쟁이라고 볼 수 있습니다. 이것은 바꿔 말하면 유럽의 지성들이 그 어이없는 캐치프레이즈를 가지고 대중을 선동하는 히틀러와 같은 사람들을 막아 내지 못했다는 것이죠.

그래서 1, 2차 세계대전을 경험한 유럽의 지성들은 각고의 반성을 합니다. '우리가 너무 뜬구름 잡는 이야기만 해서, 즉 너무 추상적이고 관념적인 것에 빠져서 이 세상에 정말 필요한 이야기를 하지 못했구나'라고 반성하게 되고, 이러한 대오각성은 '실체적이고 구체적인 것을 관찰하고 연구하자'는 생각으로 이어집니다.

우리 인간에게는 명백하게 관찰이 되는 것이 있고, 절대 관찰되지 않는 것이 있습니다. 대표적으로 관찰되지 않는 것이 의도입니다. 하지만 행동은 관찰하기가 쉽습니다. 의도나 생각, 관념보다는 행동의 빈도나 패턴을 연구하는 것이 훨씬 더 중요하고, 행동을 봐야 실제로 사람을 예측할 수 있다는 생각들이 나오게 되고, 그 결과 출현하게 되는 것이 행동주의입니다.

행동주의는 자극과 반응의 연합인 행동을 보면 사람을 이해할 수 있다는 사조입니다. 행동주의는 굉장히 객관적으로 보이지만, 사람 내부의 생각을 들여다볼 수 없게 만드는 아주 제한적인 시선을 갖고 있습니다. 그로 인해 1940~50년대 심리학은 마치 단팥이 빠진 찐빵처럼 허전한 느낌을 가지게 됩니다.

인간처럼 생각하는 기계를
만들 수 있을까

그 와중에 인지심리학과 관련된 중요한 사건 하나가 벌어집니다. 워낙에 심리학자도 별종이지만, 심리학자라고만 규정하기에도 무리가 있는, 훨씬 더 별종 같은 사람들이 1956년 미국 동부의 작은 아이비리그 대학교 다트머스에 모입니다. 사실 이 자리에 모인 10명의 학자들은 그때 당시의 관점으로 보면 말도 안 되는 생각을 하고 돌아다니는 사람들이었어요. 원래는 그 자리에 한 명이 더 참석했어야 하는데, 그러지 못해 안타깝다고 말하는 사람도 있습니다.

그 한 명이 바로 영국의 수학자 앨런 튜링Alan Turing입니다. 혹시 〈이미테이션 게임〉이라는 영화 기억하시나요? 앨런 튜링은 2차 세

창의성이 없는 게 아니라 꺼내지 못하는 것입니다

계대전 때 독일군의 암호 생성기 에니그마Enigma를 해독한 사람입니다. 에니그마는 천문학적인 경우로 암호를 생성해 냈기 때문에 난공불락이라는 말조차 부족할 정도로, 인간이 절대로 뚫을 수 없다고 여겼던 암호 생성기였습니다.

실제로 영국 국방성에서 암호 해독 전문가들에게 에니그마의 암호를 푸는 데 얼마나 걸릴지 물었다고 합니다. 여러 암독 해독 전문가가 힘을 합쳐서 24시간 내내 잠도 자지 않고 먹지도 않고 일한다고 가정했을 때, 그들은 암호 하나를 푸는 데 2,135만 년이 걸릴 것이라고 추정합니다. 절대로 풀 수 없는 암호인 것이지요. 그런데 이 에니그마가 앨런 튜링에 의해 해독된 것입니다. 당시 수상 윈스턴 처칠은 앨런 튜링이 암호를 해독하지 못했다면 연합군이 독일을 이기는 건 불가능했을 것이라고 말했습니다. 세계사를 바꾼 인물입니다.

이렇게 대단한 앨런 튜링이 1954년 자살로 생을 마감할 때까지 정신 나간 사람 취급을 받습니다. 1956년 다트머스 대학교에 모인 그 10명과 함께 어이없는 말을 하고 다니는 것으로 유명했기 때문이지요. 도대체 이 앨런 튜링과 10명의 학자들은 무슨 얘기를 하고 다녔기에 정신 나간 사람 취급을 받았던 것일까요? 그들이 했던 이야기는 바로 인간처럼 생각하는 기계를 만드는 게 가능하다는 것이었습니다.

어쨌든 이 사람들은 2년 전에 사망한 앨런 튜링은 참석하지 못한 상태로, 1956년 다트머스 대학교에 모여 긴 시간 동안 대화를 나눕니다. 그리고 이렇게 결론 내립니다. 사람처럼 생각하는 기계를 아티피셜 인텔리전스Artificial Intelligence라고 부르자. 그것이 바로 우리가 자주 듣는 인공지능입니다. AI라는 표현이 이때 처음 나온 겁니다.

1956년에서 50년이 지나면 2006년이 되죠? 구글 검색창에서 '2006 다트머스'라고 검색하면 AI 50주년 행사에 관한 많은 기록들이 쏟아져 나올 겁니다. 1956년 다트머스 컨퍼런스에 참석했던 10명 중 5명의 학자가 놀랍게도 2006년에 그 자리를 함께 합니다. 사람처럼 생각하는 기계를 만드는 것이 가능한지 아닌지를 떠나서, 그들은 바로 그런 기계를 만들면서 '인간에 대해 더 많이 이해하고 싶다'라는 속내를 가졌던 것입니다.

이렇듯 인지심리학자들이 '인간처럼 생각하는 기계를 만들기 위해서는 설계도가 필요하다'는 가정하에 인간과 기계를 비교하면서 '인간에게만 있는 것은 무엇이지?', '만약 기계가 인간처럼 생각하려면 인간으로부터 무엇을 가져가야 되지?'라는 어찌 보면 꿈 같은 이야기를 하면서 시작한 학문입니다.

그래서 인지심리학은 '정보처리적 관점을 지닌 학문이다'라고 평가됩니다. 정보처리를 한다는 것은 결국 컴퓨팅computing한다는 것

창의성이 없는 게 아니라 꺼내지 못하는 것입니다

입니다. 그래서 인지심리학은 컴퓨테이셔널리즘Computationalism, 즉 계산적 관점에 근거해서 인간과 컴퓨터를 비교하고 참조하면서 인간에 대한 연구를 하는 학문입니다.

그러니까 인지심리학자들은 인공지능을 만드는 사람들인 것이지요. 하지만 저희가 직접 기계를 만들지는 않습니다. 집 지을 때 건축사무소에서 설계도를 만들어서 넘기면 그걸 가지고 집을 만들잖아요? 마찬가지로 인공지능 기계를 만드는 사람들은 엔지니어이고, 인지심리학자들은 인간 생각의 설계도를 그립니다. 쉽게 말하면 인지심리학은 사람의 생각이 어떻게 작동되는지, 그걸 보는 심리학이라고 할 수 있습니다.

2장

인간과
컴퓨터의 생각은
어떻게 다른가

보통 사람들한테는 당연한 이야기인데, 인지심리학자들은 굉장히 중요하게 다루는 질문들이 많습니다. 예를 들면, '인간과 컴퓨터는 무엇이 다른가?' 하는 것을 인지심리학자들은 굉장히 중요하게 생각합니다.

가끔 그런 생각하지 않나요? '내 머리가 컴퓨터처럼 좋으면 얼마나 좋을까?' 특히 시험 전날이면 그런 생각이 간절해집니다. 그런데 말이죠, 인간의 머리가 컴퓨터 같으면 비극이 벌어져요.

어제 어떤 남학생과 소개팅을 한 여학생에게 친구가 물어봅니다.

"어제 소개팅 했던 남자 어땠어?"

컴퓨터와 같이 완벽한 기억을 가진 여학생이라면 이렇게 대답해야 합니다.

"어제 만난 남자 키는 174.2cm고 모발은 36만 5천 개고, 눈과 눈 사이는 4.7cm 떨어져 있었어."

이런 대답을 들으면 친구의 표정이 굉장히 안 좋을 겁니다.

"아니, 내 말은 그 남자 어땠느냐고?"

소개팅한 여학생은 좀 더 정확한 기억을 요구하는 거라고 생각해 이렇게 말합니다.

"파란색 셔츠를 입었는데, 피부는 까만 편이고, 얼굴에 8개 정도 여드름이 있었어."

이렇게 말하면 친구한테 한 대 맞겠지요?

어제 소개팅한 남자에 대한 기억을 물어보는 것 같지만, 실은 친구가 물은 것은 '그 남자가 너한테 얼마나 괜찮은 사람이었느냐'입니다. 즉, 여학생이 그 남자에 대해 내린 평가를 물은 것이지요.

아마 컴퓨터처럼 말하면 여러분의 인간관계는 망가지고 파탄날 겁니다. 인간의 기억은 컴퓨터와는 다른 목적을 가지고 있습니다. 세상과 타인이 여러분에게 질문을 던질 때는 어떤 일이 있었느냐가 아니라 그 이상을 요구할 때가 많습니다.

사실 인간과 컴퓨터는 목적 자체가 다른 지능체계입니다. 컴퓨터가 인간보다 뛰어나서 인간이 범하는 오류를 저지르지 않는 것이 아니라, 저지르고 싶어도 그렇게 하지 못한다는 설명이 더 적절할지 모릅니다. 컴퓨터의 목적은 연산과 저장입니다. 그렇다면 인간이 지닌 지적 시스템의 목적은 무엇일까요? 이해와 평가입니다. 이 차이를 이해하지 못하면 우리는 계속 성능이 좋아지는 컴퓨터와 자신을 비교하며 괴로워해야 할지도 모릅니다.

컴퓨터
vs. 인간

인간의 생각과 컴퓨터의 생각은 처음부터 끝까지 굉장히 많이 다릅니다. 지난 22년 전부터 우리 인간은 컴퓨터하고 붙으면 졌어요. 1997년에 당시 체스 챔피언이었던 게리 카스파로프 Garry Kasparov가 IBM에서 개발한 '딥블루 Deep Blue'라는 컴퓨터에게 졌습니다. 그가 패한 1997년을 인간이 논리연산 게임에서 컴퓨터에게 처음으로 지기 시작한 때로 봅니다.

2011년에 더 충격적인 패배가 일어납니다. 우리나라 대학병원에서 암도 진단한다는 IBM의 슈퍼컴퓨터 왓슨 Watson 아시죠? 왓슨이 미국 TV방송의 〈제퍼디〉라는 퀴즈 프로그램에서 세기의 퀴즈 대결

창의성이 없는 게 아니라 꺼내지 못하는 것입니다

| 왓슨의 〈제퍼디〉 퀴즈 프로그램 대결 모습

을 펼칩니다. 사진 속 왼쪽에 있는 친구가 켄 제닝스Ken Jennings인데, 〈제퍼디〉에서 무려 74주를 우승한 사람입니다. 오른쪽에 있는 친구가 브레드 러터Brad Rutter로, 최다 상금 기록자죠. 두 사람 다 2011년에 왓슨에게 무참하게 집니다. 이제 우리 인간은 퀴즈도 기계에게 집니다.

채팅하는 로봇을 '챗봇'이라고 합니다. 말하는 로봇이지요. 2014년에 러시아의 유진 구스트만Eugene Goostman이 개발한 챗봇이 미장원과 식당을 예약합니다. 미장원과 식당에서 일하시는 분들이 내가 지금 기계와 대화하고 있다는 것을 눈치채지 못한 겁니다.

다음은 이미 짐작하셨겠지만, 2016년 구글의 알파고가 한국의 이세돌 9단과 바둑 대결을 펼쳐서 4승 1패로 이세돌 9단을 이깁니다. 저는 그때 강남 테헤란로에 있는 어떤 회사에서 세미나를 하고 있었는데, 갑자기 복도가 웅성웅성하더니 사람들 얼굴이 어두워지는 거예요. 주가가 폭락하거나 전쟁이 난 줄 알았어요. 그런데 그게 아니더라고요. 이세돌 9단이 진 거예요.

그때 우리 인류의 기술이 여기까지 발달했구나 하면서 자부심과 뿌듯함을 느꼈던 분 계세요? 아마 없을 겁니다. 굉장히 우울하셨을 거예요. 관련 분야 연구자이지만 저도 그때 굉장히 놀랐습니다. 사실 2012년 즈음에 인공지능과 관련된 포럼에서 다양한 연구자들과 인간이 인공지능과의 바둑 대결에서 언제쯤 질까에 대해 얘기한 적이 있어요. 그때 대략 학자들이 2025년 정도로 추정을 했고, 그다음 해인 2013년에는 10년 정도 앞당겨져 2015년 정도로 예상해요. 그런데 그다음 해에 바로 지는 거죠.

이 놀란 가슴을 진정시켜 줘도 모자랄 판에, 마지막 다섯 번째 대국이 끝나고 나니까 케이블 채널에서 〈터미네이터〉 시리즈 전편을 방송합니다. 아침에 나갈 땐 분명히 아놀드 슈워제네거가 젊었는데, 저녁에 돌아가니까 할아버지가 되어 있어요. 계속 틀었던 거예요. 왠지 기계에게 지배당할 것 같은 위기감이 엄습합니다.

이때부터 우리나라는 4차 산업혁명이 시대의 키워드가 되었죠. 그다음 주쯤 되니까 모든 일간지가 앞으로 사라질 직업과 직종에 대

창의성이 없는 게 아니라 꺼내지 못하는 것입니다

한 기사들을 쏟아내기 시작합니다. 기자들이 우리나라의 모든 직업과 직종을 다 없앴어요. 가뜩이나 일자리 없다는데, 직업이 없어진다니 얼마나 짜증납니까? 쭉 보고는 서글퍼집니다.

논리연산 게임에서 컴퓨터에게 인간이 지기 시작하면서 '그래도 예술은 안 되지 않을까?' 생각하는 분들이 계실 텐데, 그걸 어떻게 알았는지 컴퓨터가 그림을 그리기 시작합니다. 램브란트는 가장 사실적인 그림을 그리기로 유명한 화가인데, 램브란트의 그림 345장을 학습한 마이크로소프트사의 AI 드로잉머신 넥스트 램브란트The Next Rembrandt가 전문가들도 못 알아볼 정도로 램브란트와 똑같은 그림을 그렸어요. 이제 예술도 안 되는구나, 그런 생각을 하게 되지요?

그런데 AI 드로잉머신이 피카소의 그림은 아무리 학습해도 우리가 알고 있는 피카소의 그림을 못 그리는 겁니다. 피카소가 굉장히 평범한 그림을 그리다가 어느 날 갑자기 전위적인 색채의 독창적인 그림을 그리기 시작했는데, 피카소가 예전에 그리던 그림을 아무리 학습해도 AI는 피카소가 그다음 단계에서 그린 그림을 못 그린다는 거예요.

그런 걸 보면 '도대체 인간은 뭘까?' 생각하게 되고, 인간에게는 인간만의 독특한 특징이 있구나 하는 깨달음을 얻게 됩니다. 인공지능을 연구하는 인지심리학자들은 아이러니하게도 이런 일이 일어날수록, 인간이 위대하다고 느낍니다. 우리가 약점이라고 생각했던 것들이 사실은 강점임을 알게 되는 좋은 기회가 됩니다. 인간이 얼마나 독특한 방식으로 사고하는지를 알게 되는 거지요.

심리학을 공부하라는 이야기가 아닙니다. 사실 우리 한 명 한 명이 다 심리학자잖아요. 자기 인생의 심리학자가 되어 보세요. 인간이 어떤 방식으로 생각하는지에 대해 이해하기 시작하면 인생을 살면서 굉장히 재미있는 것들이 보이기 시작할 겁니다. 자, 그럼 시작해 볼까요?

두 개의
중고 음악사전

여기 두 개의 중고 음악사전이 있습니다. 음악 용어나 음악과 관련된 현상이 정리되어 있는 중고 음악사전이에요. 한쪽에 있는 건 용어가 만 개 정리돼 있고, 흠집이 거의 없어서 새것처럼 보입니다. 그런데 다른 쪽에 있는 건 용어가 2만 개 설명돼 있고, 흠집이 꽤 많아요. 그러니까 꽤 낡은 사전이지요.

사전 두 개를 동시에 놓고 사람들에게 "어떤 거 사실래요?" 하고 물으면 대부분의 사람은 단어 2만 개가 있는 낡은 사전을 사겠다고 말합니다. 왜? 동시에 두 개를 놓고 보니까 두께 차이가 금방 느껴지는 겁니다. '사전 보는데 표지가 좀 낡으면 어때? 수록된 용어가 많아야지' 하는 거지요.

　자, 그런데 흠집이 없는, 하지만 단어가 만 개밖에 없는 사전도 얼마든지 사게 할 수 있습니다. 어떻게 하면 되느냐고요? 우선 두 개의 사전 중에 하나를 먼저 보여 줍니다. 그리고 그걸 치워 놓고 다른 하나를 보여 줍니다. 그렇게 하면 동시 비교가 안 되겠지요? 그러니까 두께가 어느 정도였는지 잘 기억나지 않습니다. 하지만 표지가 낡았는지, 안 낡았는지는 기억날 겁니다.

　이렇듯 동시에 보여 주지 않고 하나씩 보여 주면 사람들은 이번엔 정반대로 단어 만 개에 흠집이 없는 사전을 고릅니다. 왜냐하면 동시에 보았을 때 내가 쓸 수 있는 정보와 하나씩 보았을 때 쓸 수 있는 정보가 다르기 때문입니다.

　이 원리를 실제 생활에서도 활용할 수 있어요. 여러분이 프레젠테이션을 위한 기획안을 만들었는데, 내가 기획한 아이템이 다른 아이템과 동시 비교했을 때 상대적으로 밀린다는 판단이 드는 거예요. 그런데 나만이 가지는 특징, 질적인 차이는 보유하고 있어요. 그럴 경우 동시에 비교하는 프레임이 아니라 하나씩 들어가서 평가받는 프레임으로 가야겠죠. 반대로 내가 기획한 아이템에 나만 가지고 있는 특징은 없지만 상대 비교했을 때 근소하게 앞선다는 판단이 든다면, 어떻게 해야 할까요? 무조건 경쟁자를 끌고 들어가서 같이 프레젠테이션을 해야 되겠죠.

　　창의성이 없는 게 아니라 꺼내지 못하는 것입니다

우리 인간은 이런 식으로 재미있게 생각합니다. 지극히 정상적으로 반응하고 있는 것인데도, 일관되지 않고 왔다갔다 하는 불안정한 존재로 보이기도 합니다. 하지만 그건 인간 생각의 작동 원리를 잘 모르기 때문에 하는 오해입니다.

당신의
선택은?

우리 인생은 매순간이 선택의 연속입니다. 크고 작은 선택을 하며 살아가지만 우리의 선택이 늘 일관되지는 않습니다. 그럼에도 우리는 일관성을 기대하지요. 만약 A와 B 중 A가 더 좋고, B와 C 중 B가 더 좋다면, A와 C가 주어졌을 때 당연히 A가 좋다고 대답해야 합니다. 하지만 실제는 그렇지 않은 경우도 얼마든지 있습니다.

자, 여기 2개의 게임이 있습니다.

A. 1억 원 딸 확률이 100%

B. 1억 원 딸 확률 89%

5억 원 딸 확률 10%

아무것도 따지 못할 확률 1%

A와 B에 어떤 차이가 있는지 아시겠지요? 게임 A는 하기만 하면 1억 원을 받는 거예요. 게임 B는 1억 원 받을 확률이 89%, 5억 원 받을 확률이 10%, 꽝일 확률이 1%고요. A와 B 중 하나를 선택할 수 있다면 어떤 게임을 할 건가요? 실험 결과 4대 6 정도로 B가 더 많았습니다. 사실 이건 진짜 놀라운 현상이에요. 이런 결과가 나오는 건 전 세계에서 우리나라밖에 없습니다.

모두가 A를 선택하게 만들 수도 있어요. '게임 A: 1조원 딸 확률 100%, 게임 B: 1조 원 89%, 5조 원 10%, 꽝 1%'. 이러면 다 A를 선택하겠죠? 1조 원이나 5조 원이나 평생 써도 다 못 쓰고 죽어요. 이자가 2%밖에 안 돼도 1조면 1년에 이자만 200억이 붙습니다. 하루도 빠짐없이 매일 5,500만 원씩 근면성실하게 돈을 써야 재산이 늘어나는 걸 간신히 막을 수 있습니다. 몸살감기 걸려 며칠만 누워 있어도, 재산이 막 좀비처럼 불어나요. 그러니까 무조건 A를 선택해야겠죠?

반대로 모두 다 B를 선택하게 만들 수도 있어요. '게임 A: 천 원 딸 확률 100%. 게임 B: 천 원 89%, 5천 원 10%, 꽝 1%'. 이러면 다

B를 선택할 겁니다. 금액을 올리면 모험할 필요 없이 A로 가는 거고, 금액을 낮추면 'B로 모험을 찾아 떠나자' 이렇게 되는 거지요.

4대 6으로 나오는 게 왜 놀라운 현상인지부터 먼저 말씀드릴게요. 외국의 모든 나라에서는 게임 A에서의 1억을 100만 원으로만 놓아도 89~90%가 A를 선택합니다. 100만 원만 준다 해도 확실히 받는 게 더 좋은 겁니다. 그런데 한국에서는 1억으로 놓았는데도 무려 60~70%에 가까운 사람들이 '1억 별거 아냐' 하며 모험을 찾아 B를 선택한다는 거지요.

이것이 바로 한민족의 기상이 아닐까 싶습니다. 시카고 대학교의 행동경제학자 크리스토퍼 시Christopher Hsee는 25년째 이 현상을 연구하고 있어요. 논문에 이렇게 적혀 있습니다. "Why Koreans they are extremely risky only in monetary decision?" 왜 한국 사람들은 돈에 있어서만큼은 무지하게 모험적인가?

우리나라에서는 대학생들이 아니라 초등학생들한테 물어봐도 대답이 4대 6으로 나옵니다. 지갑에 천 원도 없는 녀석들이 1억 원을 무시하고 B를 선택해요. 심지어 어떤 초등학생이 이렇게 말하는 것도 봤습니다. "게임 A 1억 원? 에이, 1억 원이면 전셋값도 안 돼요." 그러더니 B를 선택했습니다. 이제 A, B는 잊으시고 C, D로 한번 가보겠습니다.

C. 1억 원 딸 확률 11%

아무것도 따지 못할 확률 89%

D. 5억 원 딸 확률 10%

아무것도 따지 못할 확률 90%

게임 C와 D 중 무엇을 선택하시겠습니까? C 선택할 분 안 계시죠? 절대 다수의 사람들이 D를 선택합니다. 왜 그런 선택을 했는지 다 이해가 갈 거예요. 그런데 재미있는 건 인간이 일관적이려면 앞에서 A를 선택한 사람은 당연히 C를 선택해야 합니다. 게임 A와 B의 1억 원 딸 확률에서 89%씩 빼낸 게 게임 C와 D이니까요. 그런데 C를 선택할 이유가 없죠? 왜냐하면 A와 B는 확실과 불확실의 문제지만, C와 D는 계산의 문제니까요.

컴퓨터가 A와 B 중 A를 선호했고, 똑같은 양을 89%만큼 이동시켰다면 컴퓨터는 C와 D 중에서 C를 선택했을 것입니다. 하지만 우리는 인간이기에 그렇게 생각하지 않습니다. 인간은 확실한 것과 불확실한 것 사이에서 확실한 것을 선호하고, 둘 다 불확실할 경우 머리가 계산을 시작합니다. 이렇듯 확실한 것을 선호하다가 모든 것이 불확실한 상황에 놓이면 인간은 전혀 다른 것들이 중요하게 보이기 시작합니다. 이제는 그런 상황을 한번 들여다보겠습니다.

선택과
투자

A. 11/12의 확률로 12만 원을 획득

　　1/12의 확률로 24만 원을 잃음

B. 2/12의 확률로 79만 원을 획득

　　10/12의 확률로 5만 원을 잃음

게임 A와 B를 제시하고 사람들에게 이렇게 물었습니다.

"위의 두 게임 중 하나만 할 수 있다면 어떤 게임을 하시겠습니까?"

창의성이 없는 게 아니라 꺼내지 못하는 것입니다

11/12이면 90%가 넘는 거지요? 게임 A는 11/12 확률로 12만 원을 따고, 1/12의 확률로 24만 원을 잃습니다. 게임 B는 1/6 확률로 79만 원을 따고, 10/12의 확률로 5만 원을 잃어요. 사람들에게 둘 중 하나를 선택하게 하면 대부분 A를 선택합니다. 우리나라도, 외국도 결과는 같았다고 해요. 하지만 그렇다고 해서 사람들이 B보다 A를 더 선호한다고 결론 내릴 수 있을까요?

예를 들어 휴대전화 쇼핑을 하는 경우 브랜드가 다른 스마트폰 A와 B가 있을 때 사람들의 선호도를 어떻게 알 수 있을까요? "A 가격이 40만 원이면 사겠지만, 45만 원이면 안 사." 지불할 용의가 있는 최대 금액이 40만 원이라는 뜻입니다. 그런데 "B는 70만 원이라고 해도 살 거야"라고 한다면 A보다 B에 대한 선호도가 더 높다고 할 수 있겠지요? 이것이 선호도의 표시 방식입니다.

자, 이번엔 이렇게 물어보겠습니다.

"게임 A든 B든 하려면 돈을 내야 합니다. 게임 A를 하기 위한 입장료로 얼마까지 지불하겠습니까?"

어차피 따도 12만 원 이상 못 따니, 무조건 12만 원보다 낮은 금액을 부를 겁니다. 그런데 "게임 B를 하기 위한 입장료로 얼마까지 지불하겠습니까?" 하고 물어보면 사람들이 이렇게 반응합니다. "인생 뭐 있어? 20만 원이라도 나 한번 해볼래." 따기만 하면 79만 원이 생기니까, 돈이 필요한 사람은 한번 도전해 볼 수도 있는 겁니다. 선택하라고 하면 게임 A를 선택하는데, "얼마나 돈을 쓸래?" 하고 물어보면 게임 B에다가 돈을 더 쓰겠다고 하는 이런 현상을 선호도 반전 현상이라고 합니다.

왜 이런 일이 일어나는 것일까요? 아이트래커eye tracker라는 안구추적장치를 통해 사람들의 눈이 게임 A와 B 중 어디를 보는가를 관찰하면 더욱 분명하게 그 양상을 확인할 수 있습니다. 안구추적장치는 1초라는 짧은 시간에도 그 사람이 어디를 보고 있는지를 60번 점으로 찍어 표시해 줍니다.

안구추적장치를 사람들에게 설치한 후 게임 조건을 보여 주고 둘 중 하나를 선택하게 하면, 사람들은 게임 A와 B의 확률 내용을 열심히 보며, 선택 직전에는 게임 A의 '11/12'라고 적힌 부분으로 시선이 향합니다. 확률을 보고 있다는 거지요. 그런데 "게임 입장료로 얼마까지 지불하겠습니까?" 하고 물어보면, 확률을 보는 사람은 아무도 없습니다. 시선 대부분이 금액 정보에 집중됩니다. 안구 운동의 탄착 지점의 95%가 79만 원을 향합니다. 0.2초 정도 12만 원으로 이동했다가 '애개개' 하며 다시 79만 원으로 향하는 겁니다.

실제로 기업에서 이 같은 A안과 B안을 놓고 '선택하는 프레임'으로 회의를 할 경우, 사람들은 확률에 민감해집니다. 확률에 민감해진다는 건 뭘까요? 될 만한 안을 고른다는 겁니다. 비관적으로 변한다는 거예요. 그런데 똑같은 안을 놓고 어디에 '얼마나 투자할까

결정하는 프레임'으로 회의를 하면 상황이 달라집니다. 확률이 낮아도 수익이 높은 안을 선호합니다. 낙관적으로 변한다는 것이지요.

이것은 우리 인생에 굉장히 중요한 메시지를 전달합니다. 어떤 직업을 가질까, 어떤 회사에 들어갈까 하고 고민할 때 우리는 대부분 '선택'의 개념으로 봅니다. 확률이 더 좋은 것을 선택하려고 하지요. 그런데 그때 '내가 저 일에 얼마나 시간을 쓸까?', '저 회사에 내 인생의 얼마나 많은 자산을 투자할까?'라고 생각하면 다른 방식으로 보이기 시작합니다. 왠지 선택은 A를 해야 할 것 같은데, 내 인생의 시간을 더 많이 쓰고 싶은 건 B인 경우도 얼마든지 있으니까요. A보다는 B가 정답에 더 가깝겠지요?

앞에서 살펴보았듯 인간의 생각은 컴퓨터와는 전혀 다른 작동 원리로 움직이고, 다른 결정을 만들어 냅니다. 일관되게 움직이는 컴퓨터와 달리 뒤집히기도 하고 바뀌기도 합니다. 이렇듯 인간이 얼마나 독특하게 사고하는지를 발견하면서 인지심리학자들은 인간이 얼마나 대단한지 놀라고 경이로움을 느낍니다. 지금부터 본격적으로 인간 생각의 작동 원리를 들여다보겠습니다.

3장

메타인지, 생각에 대한 생각

이 책을 읽는 여러분은 모두 인간이죠? 질문이 좀 웃기긴 합니다만, 이 세상 어떤 컴퓨터도 가지고 있지 않지만 여러분이 인간이기에 다 가지고 있는 능력이 있어요. 위대한 능력입니다. 자, 이제 보여 드릴게요.

제가 아주 말도 안 되는 수준의 쉬운 질문 두 개를 드릴 겁니다. 여러분은 "예", "아니오"로만 빨리 대답해 주세요. 넌센스 퀴즈도 아니고, 속임수도 없습니다.

"우리나라 수도 이름 아세요?" (예!)

"과테말라에서 열한 번째로 큰 도시 아세요?" (아니오!)

여러분은 방금 위대한 인간의 능력을 보여 주셨습니다. 모른다는 대답이 이렇게 빨리 나오다니, 게다가 그렇게 자신 있게 말입니다. 인간만 "예", "아니오" 대답의 스피드가 같습니다. 이것이 왜 위대한 능력인 줄 아세요? 컴퓨터는 모른다는 대답을 이렇게 빨리 하지 못합니다.

컴퓨터가 어떤 사실을 모른다는 것은 자기 시스템이나 하드디스크 내에 그런 파일이 없다는 뜻입니다. '하드디스크 안에 그런 파일

창의성이 없는 게 아니라 꺼내지 못하는 것입니다

이 없습니다', '시스템 안에 그런 정보가 존재하지 않습니다'라는 출력 결과를 내놓으려면 컴퓨터, AI는 자기 하드디스크와 시스템을 싹다 찾아봐야 합니다. 그래서 '안다'는 대답보다는 '모른다'는 대답이 무조건 느립니다. 저장 공간이 늘어나면 하염없이 느려지는 경우도 비일비재합니다.

지금 쓰고 있는 최신형 컴퓨터나 10년 전에 쓰던 컴퓨터나 상관없이 그런 파일이 있는지 찾는 검색 버튼을 누르면 속도가 느립니다. CPU가 빨라지는 것 못지않게 하드디스크 용량이 커지고 있기 때문에 그만큼 '그런 파일 없습니다'라는 답을 내놓는 데 시간이 걸리는 거예요. 대부분 하염없이 느립니다.

그런데 여러분은 1초 안에, 더 놀라운 건 찾아보지도 않고 "모른다"라고 대답했어요. 과테말라에서 열한 번째로 큰 도시가 내 뇌에 없다고 대답하기 위해서 자기의 뇌를 1%라도 찾아보거나 스캔한 분 있으면 손 들어 보세요. 그런 분이 있다면 저한테 연락 주세요. 그렇다면 저는 그분을 모시고 빨리 학계에 보고하러 가야 해요. 이건 놀라운 사건입니다. 인류 최초로 컴퓨터, 알파고와 같은 방식으로 사고하는 인간을 드디어 발견한 거니까요.

인간의 뇌를 다루는 다큐멘터리를 보면 보통 첫 장면이 우주예요. 그만큼 뇌가 넓은 곳이기 때문입니다. 그런데 우리는 그 어마어마하게 넓은 공간을 찾아보지도 않고, "과테말라에서 열한 번째로 큰 도시 몰라, 그런 정보 없어"라고 대답하는 거지요.

우리가 알파고처럼 사고한다면 "모른다"라고 대답하기 위해서는 우리 뇌에 있는 200조 개의 뉴런을 다 건드려 봐야 합니다. 그걸 다 건드리는 데 시간이 얼마나 걸릴까요? 영원히 안 끝납니다. 보통 사람들은 200조 개의 뉴런 중 최소 20%인 40조 개는 건드려 보지도 못하고 죽습니다. 이걸 프로이트 같은 심리학자는 굳이 '무의식'이라고 불렀어요. 그러니까 죽을 때까지 안 끝납니다.

제가 뇌과학 연구하는 심리학자에게 이렇게 물어봤어요. "영원히 안 끝나겠지만 정말 운이 좋아서 최단 기간으로 한 번 스캔이 된다면, 우리 뇌를 100% 다 찾는 데 얼마나 걸릴까?" 그 친구 대답에 따르면 정말 운이 좋아서 기적이 일어나면 5년 정도 걸릴 거라고 합니다. 이것이 제가 지금까지 만나본 뇌과학자들이 낸 추청치 중에 최대로 짧은 추정치예요.

한번 생각해 보세요. 우리가 알파고처럼, 컴퓨터처럼 머리가 좋다면 100세까지 살아서 뭐하겠어요? "몰라요"라고 스무 번 하고 나면 인생이 끝나는데. 그러니까 여러분은 최소 5년은 걸릴 일을 지금 1초 안에 끝낸 겁니다. 어마어마한 능력이죠? 여러분은 이렇게 반문할지도 모릅니다. "아니, 교수님 모른다는 게 뭐 그렇게 큰 자랑이에요? 모른다는 것은 시험으로 치면 답을 못 쓴다는 것인데." 그런데 모른다는 판단을 1초 안에 한다는 건 그다음 행동도 1초 안에 결정

창의성이 없는 게 아니라 꺼내지 못하는 것입니다

할 수 있다는 것입니다. 모르니까 어떡하면 돼요? 물어보고 찾아보고 검색해 보면 됩니다. "몰라요"를 1초 안에 결정하기 때문에 그다음 행동도 1초 안에 결정할 수 있는 거예요.

유한한 시간을 살면서도 무한한 일을 할 수 있는 인간의 가장 큰 원동력은 안 찾아보고, 안 해보고도 "몰라요", "못 해요" 할 수 있는 능력에 있습니다.

나의 생각을 보는
또 다른 생각

더 놀라운 사실을 알려 드릴까요? 여러분은 실제로도 과테말라에서 열한 번째로 큰 도시를 모릅니다. 간혹 틀릴 때도 있지만 여러분의 판단이 맞는 경우가 대부분입니다. 어떻게 이런 일이 가능한 것일까요? 우리 인간에게는 컴퓨터한테 없는 게 하나 있어요. 인간은 내 생각인 인지를 보는 눈이 하나 더 있습니다. 그걸 메타인지meta-cognition 라고 부릅니다. 나를 보는 눈이 하나 더 있는 거예요. 메타인지가 있기 때문에 뇌 속의 뉴런을 다 찾아보지 않고도 저 안에 있는 또 다른 내가 '과테말라에서 열한 번째로 큰 도시가 뭔지 너 몰라. 찾아보지도 마. 너 무조건 몰라' 이렇게 얘기해 주는 겁니다. 내 능력과 내 지식과 내 힘을 보는 또 다른 눈을 메타인지라고 부릅니다.

그런데 무엇이 이 메타인지로 하여금 1초도 안 돼서 "모른다"라고 대답하게 한 것일까요? 메타인지는 딱 한 가지밖에 보지 않습니다. 친숙함. 그것이 얼마나 나하고 친하냐, 안 친하냐 그것만 봅니다. 대한민국은 친하고, 과테말라는 안 친하죠? 인간의 뇌는 친숙하면 "안다"고 판단하고, 안 친하면 "모른다"고 판단합니다.

컴퓨터는 학습의 정도가 상·중·하이면 친숙함의 정도도 상·중·하이고, 판단의 용이함과 빠르기도 상·중·하입니다. 그런데 우리 인간은 학습의 정도가 상·하이면 판단의 용이함과 빠르기가 하입니다. 반면 중간이 가장 어렵습니다.

자, 다시 굉장히 대답하기 쉬운 질문 두 개를 드릴게요. 첫 번째 질문입니다. "미국 대통령 이름 아세요?" 쉽죠? 두 번째 질문입니다. 요것도 쉬울 거예요. "룩셈부르크 대통령 이름 아세요?" 모르시죠? 그런데 요런 게 헷갈려요. "이탈리아 총리 이름 아세요?" 그러면 사람들은 "야, 잠깐만 기다려 봐" 합니다. "영국 수상 이름 아세요?"라고 물으면 "아 마가렛 대처는 아닌데" 이러죠? "프랑스 대통령 이름 아세요?" 하면 "사르코지가 얼마 전에 끝났는데" 하며 머리를 긁적입니다. 어중간하게 알아서 어중간하게 친하니까 이제부터 검색을 시작합니다. 컴퓨터 흉내를 내는 것이지요.

이처럼 인간은 자기 생각을 보는 생각이 하나 더 있습니다. 친숙함을 판단하는 메타인지죠. 이 메타인지는 엄청나게 빠른 속도로 판단합니다. 왜? 우리 인간은 영원히 사는 존재가 아니거든요. 자신이 천년만년 사는 존재가 아니라는 걸 알고 있기 때문에, 빠르게 대답하는 것이 더 중요합니다. 모른다는 판단을 빠르게 하는 게 왜 중요할까요? 엄청난 이점이 생깁니다. 다음 행동을 결정할 수 있어요.

강연장에서 제가 "과테말라에서 열한 번째로 큰 도시가 뭐예요?"라는 질문을 던지면 몇 분은 "몰라요" 대답하면서 벌써 스마트폰을 꺼내서 검색을 하기 시작합니다. 검색할 필요 없습니다. 포털사이트에서 과테말라에서 열한 번째로 큰 도시를 검색해 봐야 제 이름만 뜹니다. 어쨌든 메타인지 덕분에 다음 행동을 할 수 있게 되는 것입니다. 그래서 의미 있게 살 수 있게 되는 거지요.

메타인지는 친숙함으로 판단해서 인간으로 하여금 불필요하게 뇌를 검색하는 일을 막아 주고, 다음 행동을 하게 만들어 주는 참으로 고맙고 유용한 도구입니다. 연구 결과 현재 이러한 메타인지는 인간에게만 있는 것으로 판단됩니다. 인간 다음으로 똑똑하다는 침팬지 같은 영장류에게도 메타인지는 없는 것 같아요.

메타인지는
자주 착각한다

인간은 나의 생각을 보는 또 다른 생각, 인지 위의 또 다른 인지 메타인지를 가지고 있습니다. 메타인지는 친숙함으로 판단하는데, 낯선 것을 만나면 굉장히 빠르게 '물어보자', '배우자'라고 판단합니다. 그런데 문제가 하나 있습니다. 우리가 살아가다 보면 친해지긴 친해졌는데 아는 게 별로 없거나 익숙하기만 하고 할 줄 아는 건 별로 없는 경우가 굉장히 많습니다. 메타인지는 친숙하니까 "알아", "할 수 있어"라고 이야기하는데, 진짜 인지가 "몰라", "못 해"라고 하면 낭패를 보게 되지요. 실제로 우리는 하루에도 몇 번씩 자신의 메타인지에 속습니다.

대표적인 예를 한번 들어 볼까요? 자기 승용차를 몰고 가다가 도로에서 차가 고장이 나면 수많은 운전자, 특히 중년 남자들이 차문을 열고 나와서 보닛을 엽니다. 그다음에 뭐하죠? 그냥 쳐다봅니다. 심지어 이렇게 얘기하는 사람도 있어요. "어디가 엔진이야?" 엔진의 위치가 어디인지도 모르면서 왜 보닛을 연 걸까요? 자기가 봐도 민망하니까 트렁크로 가서 뭘 주섬주섬 꺼내 옵니다. 연장이나 공구 같은 거 꺼내 올 것 같죠? 아니에요. 걸레 꺼내 옵니다. 대부분 걸레를 가지고 와서 그걸로 엔진을 닦습니다.

자동차 사고가 많이 나는 지점에 숨어서 몇 날 며칠 동안 관찰했더니, 이렇게 엔진을 닦아 주는 운전자의 3분의 1이 놀라운 행동을 합니다. 자기 엔진에게 말을 걸어요! "야 소나타야, 왜 이러니?" "아반떼야 파이팅!" 그러면 같이 탔던 동승자나 가족들이 핀잔을 줍니다. "고치지도 못할 거 손만 더러워지게 왜 열었어?" 하고요. 그제야 운전자는 "열기 전에는 뭔가 할 수 있을 줄 알았는데 열어 보니까 아무 생각 안 나" 하며 머리를 긁적입니다.

왜 이런 일이 일어날까요? 친숙해서 그렇습니다. 그 차는 자기 차잖아요. 아침저녁으로 몇 년째 매일 봤을 거 아니에요? 친하니까 이 차에 대해 안다고 착각한 것입니다. 재미있는 건 렌트카는 몰다가 고장이 나도 보닛을 여는 운전자가 거의 없어요. 왜? 이 차는 어제 만났으니까요. 이 차랑 안 친하니까요. 그래서 바로 깨끗이 포기

창의성이 없는 게 아니라 꺼내지 못하는 것입니다

하고 보험회사에 전화를 겁니다. 그래서 오히려 문제 해결을 잘합니다. 친숙하다는 것이 늘 좋은 것은 아닙니다.

잠시 분위기를 바꾸기 위해 간단한 순발력 테스트 한번 해보겠습니다. '컨닝'이라고 소리 내어서 다섯 번 말해 보세요. 컨닝, 컨닝, 컨닝, 컨닝, 컨닝. 세 번만 더 소리 내서 말해 보세요. 컨닝, 컨닝, 컨닝. "미국의 초대 대통령은?" (링컨!) 아닙니다. 워싱턴이에요. 지금 여러분은 미국의 역사를 바꾸셨습니다.

하나 더 해볼까요? 더 쉬운 겁니다. 꽃사슴이라고 소리 내어서 다섯 번 말해 보세요. 꽃사슴, 꽃사슴, 꽃사슴, 꽃사슴, 꽃사슴. 세 번만 더 크게 말해 보세요. 꽃사슴, 꽃사슴, 꽃사슴. "산타클로스가 뭘 타고 다니죠?" (루돌프!) 산타클로스는 썰매를 타고 다닙니다. 산타클로스가 루돌프를 타면 기마 민족이 되는 겁니다. 이런 분들 계세요. "루…" 하려다가 아까 당한 게 생각나서 "순록" 하시는 분들.

이제 난이도를 좀 올려 보겠습니다. 개구리라고 소리 내어서 다섯 번 말해 보세요. 개구리, 개구리, 개구리, 개구리, 개구리. 세 번만 더 크게 말해 보세요. 개구리, 개구리, 개구리. "심청전에서 깨진 장독대를 어떤 동물이 막았나요?" (두꺼비!) 심청전에는 어떤 동물도 나오지 않아요. 두꺼비가 나오는 건 콩쥐팥쥐전입니다.

무엇인가에 5초 동안만 익숙해져도 메타인지가 속죠? 이렇듯 메타인지는 친숙함을 판단의 도구로 쓰기 때문에 첫 번째 떠오른 생각을 잘 버리려고 하지 않습니다. 그런데 5초가 아니라, 5일, 5년……
친해지면 어떻게 될까요? 무조건 안다고 생각하겠지요? 여러분이
무엇인가에 익숙해지고 노련해지면 메타인지가 도리어 멍청해지는
일이 일어납니다. 컨닝에서 워싱턴까지 못 가는 것처럼.

수십 년간 어떤 일에 익숙해져서 메타인지가 고집 센 정도가 아
니라 아주 옹고집이 된 사람이 있습니다. 그 사람을 심리학자들이
뭐라고 부르는지 아시나요? 바로 '전문가'입니다. 우리 모두가 전문
가가 되려고 노력하는데, 전문가가 되어 가는 과정에서 메타인지가
속기 시작하는 것입니다. 그러다 보면 실패할 수 있겠지요.

그렇기 때문에 같은 상황에서 같은 재료를 가지고 같은 일을 하
더라도 내 메타인지를 통해 그걸 어떻게 보느냐에 따라 창의성이 생
겨날 수 있어요. 비슷한 능력을 가지고 있더라도 메타인지가 똑똑해
지면 어마어마한 차이를 만들어 낼 수 있습니다. 그동안은 남들보다
좋은 머리, 뛰어난 능력으로 성공해야 행복해질 수 있다고 생각해
왔지만, 메타인지가 가진 가능성을 잘 활용하는 사람이 더 좋은 삶
을 열어 갈 수 있습니다.

창의성이 없는 게 아니라 꺼내지 못하는 것입니다

4장

창의적인 사람은 없다, 창의적인 상황이 있을 뿐

인지심리학자로서 거의 매주 한 번 이상 받는 질문이 있습니다. 바로 창의성에 관한 질문입니다.

"우리 회사가 어떻게 하면 창의적인 사람을 더 많이 뽑을 수 있을까요?"

"창의적인 아이디어를 만들어 내고 싶어요."

"우리 아이들(혹은 내가 지도하고 있는 아이들)을 어떻게 하면 창의적인 사람으로 만들 수 있을까요?"

이제 모든 대학의 교육 목표가 창조적 인재 육성입니다. 어차피 연산은 AI가 다 하니까요. '나는 창조적인 사람이다'라고 생각하는 사람 손들어 보세요. 별로 없지요? 사실은 자신 있게 손드는 것도 조금 문제가 있는 분들이에요. 왜냐하면 우리나라 사람들은 사회적인 맥락에서 남들과 다른 행동을 하는 것을 별로 좋아하지 않으니까요. 이런 문화를 관계주의 문화라고 합니다. 관계주의 문화에서는 남들과 맞춰서 가는 걸 좋아해요.

여섯 명의 학생이 있는데, 한 사람만 웃고 있고 나머지는 다 무표정이에요. 미국 사람에게 "가운데서 웃고 있는 사람은 어떤 학생인가요?"라고 물으면 "기분 좋은 학생이네요" 하고 대답합니다. 우리나라 사람에게 같은 질문을 하면, "분위기 파악 못 하는 사람이네요" 합니다. 그래서 손을 잘 안 드시는데, 확실히 창의적인 사람은 있습니다. 제 주위에도 많고요. 그런데 문제는 자신이 어떻게 창조적이고 창의적인 사람이 되었는지 잘 몰라요.

'창의성'은 인지심리학자로서 제가 의뢰받는 강연 중에 상당히 많은 비중을 차지하는 주제입니다. 창의는 새롭고 즐거운 무언가를 추구하는 것인데, 강연장 분위기는 다른 강연을 할 때보다 가라앉아 있어요. 강연 참석자 중에는 기업이나 정부기관, 학교에서 창의와 관련된 교육이나 프로그램을 담당하시는 분이 많습니다. 창의와 관련된 것은 내용이 어려울 뿐 아니라 성과도 잘 나타나지 않습니다. 그러니 표정이 어두울 수밖에 없지요.

우선 창의성이란 뭘까요? 개인적으로 저는 '창의력'이라는 표현을 별로 좋아하지 않습니다. 다소 고집스럽게 창의성이라는 말을 사용합니다. 창의력, 그러니까 창의적 인지 능력이라고 표현하면 보통 사람들은 그 능력치를 올려야 한다고 생각할 수밖에 없거든요. 주가처럼 계속 능력을 계량화한 수치가 상승해야 불안하지 않습니다. 그래서 창의성을 투자의 개념으로 보시라고 말씀드립니다. 투자의 개념으로 보면 당장 수치가 올라가지 않아도 불안해하지 않고 창의성 교육을 할 수 있으니까요.

그런데 창의성이라는 말도 사실은 결과에 해당하는 것입니다. 길포드 같은 학자들이 말하는 창의성을 구성하는 요소들, 독창성, 융통성, 정교성, 유창성, 민감성, 상상력 또한 결과예요. 결과를 어떻게 핸들링할 수 있겠어요? "좀 더 개방적이 되자", "더 융통성 있게 생각해야지"라고 아무리 자신에게 강조한들 아무것도 바뀌지 않습니다.

수많은 자기계발서에서 '독창적인 것을 생각해 내기 위해서는 풍부하게 생각하고 새로운 조합을 만들고 상황의 이면을 보라'고 이야기합니다. 좋은 말이지요. 하지만 누군들 몰라서 실천을 안 하겠습니까? 그렇게 하고 싶어도 평소에 잘되지 않는 것이 문제입니다. 자기계발서를 읽는 순간이나 직후엔 자신감이 솟아오르지만, 실제 변화로는 이어지지 않습니다. 그렇게 되는 이유 또한 결과를 이야기했기 때문입니다.

그렇다면 어떻게 해야 할까요? 우선 결과와 과정을 구분하고, 각 단계에서 무엇이 필요한지, 그 무언가를 가능하게 하는 생각의 종류를 알아야 합니다. 그 생각의 종류들이 필요한 순간에 잘 조합된 최종 결과를 창의적이라고 말하는 것이니까요.

또한 단순히 창의적인 사람을 본받자는 수동적인 생각보다는 내 인생에서 창의적인 순간이 언제, 어떻게 이루어졌는지 이해하는 데서 출발해야 합니다. 이것이 바로 창의적인 사람으로 성장할 수 있

창의성이 없는 게 아니라 꺼내지 못하는 것입니다

는 중요한 방법입니다.

흔히들 창의력은 타고나는 것이라 생각하지만, 인지심리학자들은 창조적인 사람이 따로 있다고 생각하지 않습니다. 대신 자신을 창의적이고 혁신적인 아이디어를 내는 사람으로 만들어 주는 상황으로 걸어 들어가는 사람만 있다고 말합니다. 지난 70여 년간 인지심리학자들이 수천 수만 개의 실험 연구를 해왔는데 매번 할 때마다 내리는 결론입니다. 창의성은 타고난 능력보다는 상황이 더 중요합니다.

창의적인 사람들은 자신이 어떤 상황에 있을 때 새로운 아이디어가 나오는지 알고 있어요. 걸을 때 창의적인 생각이 많이 떠오른다는 걸 알고 있는 사람이라면 창의적인 생각이 필요할 때 일단 무작정 걷겠죠? 목욕을 할 때 창의적인 생각이 샘솟는 사람은 목욕부터 할 거예요. 이처럼 창의력은 창의성을 발휘할 수 있는 환경을 스스로 조성하는 노력을 필요로 합니다.

이렇게까지 말씀드렸는데도 창의력을 타고난 능력이라고만 생각한다면 그 사람은 창의력을 키우기 위한 어떤 노력도 하지 않을 것입니다. '난 창의력이 없어서 창의적인 일은 못 해'라고 말하는 건, 충분히 창의력을 발휘할 수 있는데도 스스로 그 능력을 차단하는 것입니다.

메타인지가 어떻게 보느냐가
차이를 만든다

자, 이제부터 평범한 사람이 상황에 따라 얼마나 창조적으로 변할 수 있는가를 보여 드리겠습니다. 저는 개인적으로 이 장면이 인지심리학 역사에서 최고의 명장면이라고 생각합니다. 이 실험은 대학생이나 성인들을 대상으로 해도 같은 결과가 나오지만, 아이들의 반응이 더 재미있습니다. 아이들을 대상으로 진행한 실험부터 먼저 얘기해 드릴게요.

위에서 보여 드린 여러 가지 물체들을 가지고 평범한 초등학교에 갑니다. 지금 보여 드린 건 샘플이고 실제는 훨씬 더 종류가 많습니다. 평범한 초등학교라는 건 평균적인 수준의 아이들이 다닌다는

창의성이 없는 게 아니라 꺼내지 못하는 것입니다

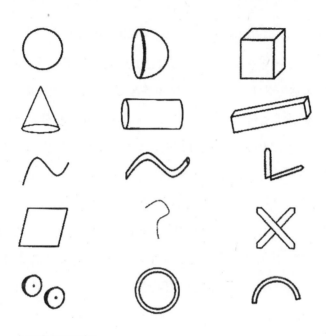

| 다양한 물체 이미지

것이지요? 엄청나게 뛰어난 아이들도 아니고, 부족한 점이 있는 아이들도 아니고 평균적인 능력치를 가진 평범한 초등학교 3학년 교실에 갑니다.

3학년 교실에 가는 것도 이유가 있습니다. 1학년, 2학년을 거치면서 두 번이나 반을 재배치했으니까 반마다 특별한 차이가 없습니다. 그럼 4학년은 왜 안 가느냐. 4학년부터 중학교 2학년까지는 엄청난 친구들이 기다리고 있더라고요. 분위기라도 바꿔 보려고 재미

있는 얘기를 해줬더니 "우와, 애쓴다" 이러더라고요.

어쨌든 평범한 초등학교의 3학년 1반부터 4반까지 총 네 개의 반에 똑같은 물체를 가지고 각각 30분씩 들어가서, 아이들에게 똑같은 일을 하게 합니다. 제가 반마다 말의 간격과 시간, 순서를 살짝 바꾸는데, 그것에 따라 각 반의 아이들의 메타인지는 가진 재료와 자기가 하는 일을 낯설게 혹은 친숙하게 보게 됩니다. 그리고 그 차이로 인해 3학년 1반 지극히 평범한 친구들, 3학년 2반 꽤 똑똑하고 창의적인 친구들, 3학년 3반 우리나라에서 제일 창의적인 친구들, 3학년 4반 전 세계에서 제일 창의적인 친구들이 됩니다. 무슨 말도 안 되는 이야기를 하느냐는 표정을 짓고 계실 텐데, 조금만 더 들어보세요. 곧 격하게 공감하게 될 겁니다.

먼저 3학년 1반에 들어가서 이 물체들을 다 보여 준 다음에 아이들에게 이렇게 말합니다. "여러분 각자 여기서 마음에 드는 거 다섯 개씩 골라서 새롭고 신기한 것을 만들어 보세요." 그러면 아이들은 죽 둘러보다가 만만해 보이는 모양의 물체 다섯 개를 고릅니다. 왠지 뒷감당이 안 될 것 같은 복잡한 모양의 물체는 절대 고르지 않습니다. 그래서 다 윗쪽에 있는 직사각형, 정사각형, 원통 이런 거 고릅니다. 차이도 거의 없어요.

남자 아이들은 70%가 이걸로 자동차나 기차를 만듭니다. 우리나라에 왜 이렇게 자동차가 많은지 아시겠죠? 여자 아이들은 80%

가 이걸로 집을 만듭니다. 우리나라 부동산 열기가 왜 이렇게 심각한지 아시겠죠? 초등학교 3학년만 되어도 벌써 여자아이들은 집을 걱정합니다. 남자아이들은 차를 걱정하고.

지극히 천편일률적이죠? 다 똑같고, 창의성이라고는 조금도 없습니다. 1반 담임 선생님은 자기 반 아이들이 만든 것을 보고 '내가 너희들한테 한 창의력 향상 프로그램이 얼마나 많은데……' 하며 서글퍼합니다. 심지어 속상해하는 분도 계세요.

이렇게 가슴 아픈 1반을 뒤로하고 2반으로 갑니다. 2반에서는 어떻게 하느냐? 똑같이 물체들을 보여 주고, 말의 간격만 살짝 벌려 줍니다. 그렇게만 해도 아이들은 메타인지를 통해 이 일을 전혀 다르게 느낍니다. "여러분 각자 여기서 마음에 드는 거 다섯 개 고르세요" 하고 제가 교실 바깥으로 나가 버려요. 그러면 이게 끝인 줄 아는 아이들은 각기 자기 마음에 드는 걸로 다섯 개를 고릅니다. 아이들마다 자기 취향이라는 것이 있기 때문에 다 다르게, 특이한 것 위주로 고릅니다.

교실 밖에서 창문으로 몰래 보고 있다가 아이들이 다 고르고 나면 다시 교실에 들어가서 이렇게 말합니다. "방금 고른 다섯 개로 새롭게 신기한 것을 만들어 보세요." 아이들의 표정이 갑자기 싸늘하게 식습니다. 대부분의 아이들이 팔짱을 끼고 이렇게 말해요. "하, 그럼 진작에 미리 말씀을 하고 나가시죠." "아, 짜증 나. 그럼 나 이런 거 안 고르잖아요." "저 아저씨 왜 저래?" 하며 아이들이 투덜거려요.

재미있는 현상이 일어납니다. 일단 같은 게 나오지 않습니다. 왜? 다 다른 걸 골랐으니까요. 그리고 자기가 좋아하는 걸 골랐기 때문에 더 재미있는 아이디어가 나옵니다. 심지어 이런 기발한 걸 생각하는 친구가 있단 말이야 하는 작품도 심심치 않게 나옵니다. 영문도 모르는 2반 담임 선생님은 흐뭇한 미소를 지으며 제 옆에 와서 이렇게 말씀하십니다. "교수님, 역시 담임 교사의 역량이 중요한 것 같습니다." 1반 담임 선생님은 저쪽에서 괴로워하고 계시고요.

창의적으로 만들어 주는 상황으로
들어가는 사람

자, 이제 3반에 갑니다. 이번에는 간격을 벌리는 것이 아니라 순서를 바꿔 버립니다. 물체들을 보여 주지 않고 커튼 뒤에 숨겨 놓습니다.

"여러분, 새롭고 신기한 거 만든다면 뭐 만들 거예요?"

3학년 3반 친구들은 어마어마한 대답을 하기 시작합니다. 일단 지구 평화 지키는 로봇은 무조건 나옵니다. 요즘은 남북 통일시키는 프로그램도 많이 나옵니다. 요즘 아이들이 제일 무서워하는 상황이 뭘까요? 귀신, 재난, 질병? 아닙니다. 휴대전화 배터리가 3% 정도 남은 상황입니다. 영원히 충전하지 않아도 되는 스마트폰, 영원히 기름 넣지 않아도 되는 자동차…… 이런 아이디어가 막 나옵니다.

예전에 경기도 지역의 모 초등학교 3학년 3반에서 여야 상생과 합의를 도출하는 프로그램을 만들겠다는 여학생을 만난 적도 있습니다. 이 반 아이들 서른 명이 얘기한 거 다 가지고 있으면 앞으로 최소 500년 동안 세계를 지배할 겁니다. 제가 아이들을 부추기려고 일부러 더 오버해서 리액션을 해요. "우와!" "이야!" "대단한데!" 그러면 뒤에서 순서 기다리는 아이들의 표정이 점점 더 비장해집니다.

서른 명이 다 만들고 싶은 것을 말하고 나면, 제가 뭘 할지 아시겠지요? 이제 커튼을 올립니다. 일부러 천천히 올려요. 한 절반만 올라가도 아이들은 자기들 앞에 닥친 미래를 예감합니다. 눈치챘다 싶으면 나머지 절반을 싹 걷은 후 이렇게 말합니다.

"방금 전 여러분이 말한 것을 여기서 다섯 개 골라서 만들어 오세요."

그러면 아이들이 금융사기 당한 것 같은 표정을 짓습니다. '아, 이런 게 어른들이 말하는 보이스피싱이구나' 하며 눈물을 글썽거려요. 손을 부들부들 떱니다.

그런데 물체를 고를 때 벌써 아이들 눈빛이 달라요. 눈에서 레이저가 나옵니다. 실제로 1반과 2반 친구들은 물체를 보고 덥석 잡는데 반해, 3반 친구들은 모든 물체를 조심스럽게 만져 보고 360도 돌

창의성이 없는 게 아니라 꺼내지 못하는 것입니다

려 보고 굴려도 보고 소리도 듣고 돌렸을 때 어떤 모양으로 날아가는지까지 다 봅니다. 심지어 냄새 맡고 핥아 보는 친구까지 나와요. 왜? 이걸로 엄청난 일을 해야 하니까요. 이걸로 지구를 구하고, 여야 상생과 합의를 도출해야 하거든요.

제가 점점 더 잔인해지고 있지요? 이제 4반에 갑니다. 4반에서는 어떻게 하느냐. 3반이랑 똑같아요. 물체들을 커튼으로 가려 놓고 뭐 만들지 먼저 물어본 뒤에, 다 말하고 나면 커튼 젖혀서 보여 주고 "방금 전 여러분이 말한 걸 여기서 다섯 개 골라서 만들어 오세요" 합니다. 그러면 4반 아이들도 3반 아이들처럼 손을 부들부들 떨면서, 눈물을 글썽거리면서 간신히 다섯 개를 집습니다.

얼마나 머리가 복잡하고 만감이 교차하겠습니까? 이렇게 다섯 개를 다 고르고 나면, 아이들에게 옆 사람이 고른 것과 바꾸라고 말합니다. 그러면 3학년 4반 친구들은 '어우, 저 변태 같은 인간', '저 성격 파탄자!' 이런 눈빛으로 저를 쳐다봅니다. 경상도 지역에서 이 실험을 진행했을 때 4반 남학생 하나가 저를 막 쩨려보더니 이렇게 말했습니다. "이거 아동학대 아입니까? 인권유린 아닌교?" 4반 아이들은 울면서 만들어요.

3, 4반 친구들이 얼마나 난감한 상황에서 이걸 만들었을지 충분히 상상이 가실 겁니다. 이 친구들은 어디서나 볼 수 있는 평범한 초등학교의 3학년 학생입니다. 이 아이들은 자기를 뛰어난 사람이라

고 생각하지 않아요.

이번엔 우리나라 대표로 세계학생창의력올림피아드에 나가서 금메달을 딴 3학년 학생들을 불러다가 1반 학생들에게 했던 것처럼 물체들을 보여 주고 "각자 여기서 마음에 드는 거 다섯 개씩 골라서 새롭고 신기한 것을 만들어 보세요" 했습니다.

그러고 나서 이 아이들이 만들어 온 것과 평범한 초등학교 3학년 아이들이 만든 걸 비교했더니 3, 4반 아이들이 만든 것이 창의, 혁신, 개성, 독창성, 모든 지표에서 점수가 월등히 높았어요. 창의력 점수가 대략 2배 반에서 3배 이상 높게 나왔습니다. 능력보다 더 중요한 것이 무엇인지 아시겠지요? 메타인지가 상황을 어떻게 보느냐가 이렇듯 엄청난 차이를 만듭니다.

앞서 언급했듯 인지심리학자들은 '창의적 인재'라는 말을 쓰지 않습니다. '나를 창의적으로 만들어 줄 수 있는 상황에 걸어 들어가는 사람'이란 표현만 씁니다. 그게 더 무섭거든요. 그리고 그 상황의 힘은 바로 어디 있는지 아십니까? '낯설음'이죠. 그 낯설음은 언제 나와요? 생각의 순서와 시간과 간격을 벌릴 때 나옵니다.

능력과 성품은 각자 자기의 고유 값을 가지고 있어요. 부모님들이 "넌 누굴 닮아 성격이 저 모양이야?" "너는 누굴 닮아 머리가 나쁜 거니?" 하고 말씀하시는데, 능력과 성격은 유전성이 강합니다. 그래서 성격과 능력은 잘 변하지 않아요. 바꾸려면 오랜 시간 땀 흘리면

창의성이 없는 게 아니라 꺼내지 못하는 것입니다

서 공부하고 훈련해야 합니다. 그런데 그 못지않게 중요한 것이 있습니다. '내 메타인지가 상황을 어떻게 보느냐'입니다.

꿈을 가져라,
여행을 떠나라

자, 그러면 앞의 실험으로 다시 돌아가 봅시다. 1반 아이들은 왜 그렇게 평범했을까요? 심지어 세계학생창의력올림피아드에 나가서 우수한 성적을 거둔 학생들의 작품이 왜 그렇게 나왔을까요? 목적이 없었기 때문입니다. 그리고 지금 가지고 있는 물건들을 친숙하고 만만하게 보았습니다. 목적이 없는 상태에서 나한테 친숙한 도구, 친숙한 능력을 가지고 무언가를 하게 되면 천편일률적으로 변합니다.

그런데 2반 아이들은 어떻게 1반 아이들보다 조금 더 똑똑하고 새로운 걸 만들어 낼 수 있었을까요? 그것이 가능했던 것은 여전히

창의성이 없는 게 아니라 꺼내지 못하는 것입니다

목적은 없었지만 제각각 물체를 골라서 취향이 반영되었기 때문입니다. 아무리 목적이 없어도 개성이 들어갔으니 최소한 1반보다는 결과물이 나아진 거지요.

아이들이 창의성을 발휘하게 하기 위해서는 목표를 만드는 과정으로 아이들을 몰아가서는 안 됩니다. 인간은 도구를 먼저 보면 큰일을 하지 못해요. 재미있게도 인간은 '큰일을 하려면 큰 도구를 써야지', '큰 결과를 만들려면 큰 방법이 필요해' 이렇게 생각합니다.

제가 가르치는 학생들에게 주사위 두 개를 주고 던지게 했어요. 이쪽에 있는 학생들에게는 "어떤 친구든 자기가 던진 주사위의 합이 12가 나오면 내가 10만 원 줄게" 하고, 반대편에 있는 학생들에게는 "어떤 친구든 주사위의 합이 2가 되면 내가 10만 원 줄게" 하고 말했습니다.

주사위를 던져서 12가 나올 확률과 2가 나올 확률은 같습니다. 그런데 12처럼 큰 숫자가 나와야 돈을 받는 학생들은 움직임도 크고 목소리도 크게 "와우" 하면서 주사위를 던지는 반면, 2처럼 작은 수가 나와야 돈을 받는 학생들은 움직임도 작고 목소리도 작게 "2" 하면서 던지는 겁니다. 더 웃긴 건 옆에서 친구들이 이렇게 얘기해요. "야, 그렇게 세게 던지지 마. 2 나와야 돼."

3반과 4반 아이들이 엄청난 힘을 발휘했던 것은 목표가 있었기 때문입니다. 내가 가진 도구나 현실과 타협하지 않고 꿈을 먼저 가진 것이지요. 그래서 생각의 순서를 바꿔야 합니다. 3반과 4반처럼 목표를 먼저 가지고 있어야 해요. 그 목표가 실현 가능성이 떨어져도 상관없어요. 목표가 커야 나중에 보는 물건들이 특이하게 보입니다. 그래서 똑같은 물건이나 도구를 가지고도 남들이 안 보이는 데로 가서 평범한 사람들이 하지 못하는 결과를 내는 것입니다.

사람들은 점점 더 꿈을 가지기가 어려운 세상이라고 합니다. 하지만 여전히 꿈이 큰 사람들이 남이 보지 못하는 걸 봅니다. 그건 인지심리학 70년사에 수천 수백 번 실험을 해도 똑같이 나오는 결론이에요. 반드시 꿈을 이룰 필요는 없습니다. 하지만 분명한 것은 꿈을 가지고 있지 않으면 평범한 삶을 살게 될 거라는 것입니다.

3, 4반 아이들에게 목표 다음으로 중요하게 작용한 것은 무엇일까요? 내가 가지고 있는 것들을 다른 관점으로 본 것입니다. 그렇다면 내가 가지고 있는 걸 다르게 보려면 어떻게 해야 할까요? 다른 장소로 가져가서 봐야 합니다.

무슨 얘기냐 하면, 가위를 집 안에서 보면 뭐하는 물건인가요? 물건 자르는 도구입니다. 그런데 이 가위를 들고 다른 공간으로 이동하는 것입니다. 예를 들어 공사장에 가져가면, 그 가위로 못을 박을 수도 있고, 다른 일을 할 수 있어요. 한 자리에 고인 물처럼 있는 것이 아니라 나를 이동시켜야 합니다.

목적이 없는 상태에서 나를 이동시키면 그냥 놀이동산에 가서

놀이기구만 타다 옵니다. 하지만 목표나 꿈, 비전을 만들고 난 다음
에 나를 이동시켜서 낯선 공간으로 가져가면 나를 달리 보게 됩니
다. 3반과 4반 아이들이 자신이 가지고 있는 도구나 재료를 전혀 낯
설게 느낀 것처럼 말이지요. 이것이 바로 우리가 걸어야 하고 여행
을 떠나야 하는 이유입니다.

5장

쉽게
설명할 수 있어야
메타인지가 자란다

EBS에서 〈0.1%의 비밀〉이라는 프로그램이 방송된 적이 있습니다. 전국 모의고사 석차 0.1% 안에 들어가는 800명의 학생과 평범한 학생 700명을 비교함으로써 두 그룹 간에 어떠한 차이가 있는지를 알아보는 프로그램이었는데, 당시 제작진과 자문을 맡았던 저의 공통된 고민이 하나 있었습니다. 여러모로 사전조사를 했지만 IQ도 특별히 높지 않고, 0.1%에 속한 학생들과 평범한 학생들 간에 큰 차이가 발견되지 않았던 것입니다. 그렇다면 대체 무엇이 이들 간에 엄청난 차이를 만들어 낸 것일까요?

그 답은 메타인지에 있었습니다. 이 학생들을 대상으로 색다른 실험을 진행했습니다. 변호사, 여행, 초인종 등 서로 연관성이 없는 단어 25개를 하나당 3초씩 모두 75초 동안 보여 주었습니다. 그러고는 얼마나 기억할 수 있는지를 검사했습니다. 여기서 중요한 것은 검사 전에 '자신이 몇 개를 기억해 낼 수 있을지'를 예측해서 미리 말하게 했다는 것입니다.

보통은 더 많이 기억하는 게 중요하다고 생각할 것입니다. 더 많이 기억한 아이들이 기억력이 뛰어나서 더 성공할 거라고 생각하지

창의성이 없는 게 아니라 꺼내지 못하는 것입니다

요. 결과는 흥미로웠습니다. 두 그룹 간에 기억력 차이는 거의 없었습니다. 그런데 0.1%에 해당하는 학생들은 자신의 예측과 실제 기억한 단어 수에 큰 차이가 없었지만, 평범한 학생들은 이 둘 사이의 차이가 훨씬 컸습니다. 자신의 기억력을 객관적으로 바라보는 측면에서 0.1%의 학생들이 더 정확했던 것입니다. 이 차이는 자신이 무엇을 알고 모르는지 아는 메타인지 능력에서 비롯됩니다.

공부를 잘하는 학생이든, 일을 잘하는 사람이든 실제로 굉장히 뛰어난 친구들은 아이큐가 좋은 게 아니라 메타인지 능력이 높습니다. 기억력이나 계산 능력보다 내가 나를 보는 능력이 좋은 것이지요. 그렇다면 0.1%에 해당하는 뛰어난 사람들은 왜 예측력, 메타인지가 이렇게 좋아진 것일까요? 의외의 곳에 단서가 있습니다.

이타적인 사람이
더 지혜로워지는 이유

인지심리학자들은 메타인지에 관한 연구를 하다가 또 다른 중요한 사실을 발견했어요. 자기가 자기를 보는 능력이 뛰어난 사람들은 공통점이 있습니다. 인류의 수십만 년짜리 역량인데, 바로 '이타성'입니다. 물론 착하다고 무조건 뛰어나다는 것은 아닙니다. 그런데 착한 사람들의 특징 중 하나가 나보다 공부 못하는 사람, 일 못하는 사람이 물어봐도 화를 안 낸다는 것입니다.

간접적이면서도 의미심장한 방법을 찾기 위해 다시 〈0.1%의 비밀〉로 돌아가 보겠습니다. 우리나라에서 제일 공부 잘한다는 0.1%의 뛰어난 학생들을 관찰하다 깜짝 놀랐습니다. 이 친구들은 무조건

창의성이 없는 게 아니라 꺼내지 못하는 것입니다

전교 1등이거든요. 그런데 전교 2등 하는 친구뿐만 아니라 꼴등하는 애가 와서 물어봐도 전혀 개의치 않고 설명을 잘해 주더라고요. 각 반에서 꼴등하는 친구들도 그걸 아는지, 쉬는 시간, 점심시간이 되면 이 친구 앞에 와서 서 있어요.

전교 2등 하는 친구한테 설명하는 게 어려울까요? 전교 꼴등하는 친구한테 설명하는 게 어려울까요? 프로그램 촬영하면서 옆에서 저도 진짜 많이 웃었습니다. 전교 2등 하는 친구들은 "야, 이래서 y 잖아"라고 한마디만 하면 그다음은 말 안 해도 나옵니다. "그래서 답은 x^2이었군." 하지만 전교 꼴등하는 친구들은 어떤지 아십니까? x^2이 뭔지 아예 모릅니다.

실제로 이런 질문을 던지는 친구가 있었습니다.

"야, 그 x 옆에 있는 2는 왜 이렇게 쪼그매?"

그다음 말이 더 웃겨요.

"3년 전부터 궁금했는데 물어볼 데가 없었어."

고등학교 2학년 2학기인데, 이 친구한테 x 옆에 있는 2가 왜 이렇게 작은지부터 설명해 줘야 하는 거지요. 그런데 x 옆에 있는 2가 왜 이렇게 작은지 수학 선생님도 모릅니다. 아는 수학과 교수한테 물어봤더니 "몰라, 그런 거 왜 물어봐" 하더라고요. 네이버에 검색해도 안 나오기에, 네이버 지식인에 물어봤어요.

"x^2 할 때 x 옆에 있는 2는 왜 이렇게 작을까요?"

4일 동안 답이 안 달리더니 5일째 되는 날 늦은 오후에 드디어 답이 달렸습니다. 그날은 마침 전국 초등학교가 방학을 하는 날이었고, 누가 봐도 초등학생으로 보이는 아이디의 주인이 이런 답을 달았더라고요.

"그런 것까지 궁금해하면 성공 못 합니다."

초등학생도 이런 바보 같은 질문이 어디 있느냐 생각하는 것입니다. 하지만 이 친구는 x 옆에 있는 2가 왜 이렇게 작은지 설명해 주고 싶어 했습니다. 본인이 이 질문을 무시하면 물어본 친구가 바보 취급을 당할 테니까요. 그래서 친구를 지켜 주기 위해서라도 이 질문에 답해야 했습니다.

이 친구가 집에 가더니 컴퓨터를 켰습니다. 선생님도 모르고 네이버에도 안 나와 있으니, 위키피디아에 들어가서 수의 기원이라는 챕터를 열더라고요. 아리스토텔레스부터 훑어보다가 굉장히 재미있는 사실을 알게 됩니다.

중세 시대에 수학자들은 대부분 엔지니어로 시계 수리공을 겸하고 있었다고 합니다. 당시 최고의 기술이 집약된 물건이 시계였으니까요. 천문학자와 시계 수리공을 겸하던 수학자들이 별의 모양과 시계술의 정밀한 기술이 발달된 모양에서 착안해서 작은 숫자로 표현하자는 아이디어를 냈다는 것을 그다음 날 학교에서 가서 친구에게 설명해 줍니다. 세 명의 수학 선생님은 이 친구 옆에서 "와, 진짜?"

하면서 옆에서 듣고 있었고요.

이미 오래전부터 인지심리학자들은 이타적인 사람이 더 지혜로워진다는 사실을 확인했지만, 왜 이타적인 사람이 점점 더 지혜로워지는지 그 이유는 설명하지 못하고 있었습니다. 그런데 앞서 설명한 과정을 통해서 그 이유를 알게 됩니다.

이타적인 사람은 나와 격차가 많이 벌어져서 별 도움이 안 될 것 같은 사람도 와서 질문하게 해줍니다. 그리고 그들에게 한 번도 받아 보지 못한 질문을 받습니다. 그러한 질문들의 공통점은 근원과 본질에 관한 질문이라는 것입니다. 내가 잘 알고 있는 지식이나 쉽게 쓸 수 있는 기술로는 설명할 수 없는 질문입니다. 그래서 '아직 더 많이 배워야겠구나' 생각하게 되고, 그걸 통해 더 진화하고 지혜로워지는 것입니다.

설명할 수 있는
지식이 진짜 지식

0.1%의 공부 잘하는 친구들에게서 또 다른 특징을 발견했습니다. 앞에서 이 친구들에게는 다양한 친구들이 다양한 질문거리를 가지고 온다는 것을 말한 바 있는데요, 그러면 이 친구들은 대부분 열심히 설명해 줍니다. 일상적으로 '설명'이라는 행위를 자주, 많이 하고 있음을 알 수 있습니다.

심지어 집에 가 보니까 방 한쪽 벽이 다 칠판이에요. 이 친구들은 집에 가서도 설명을 하는 것이지요. 그런데 집에서 누구에게 설명하나요? 전교 꼴등은 그나마 같은 학생이기라도 하지만, 엄마, 아빠, 이모, 할머니, 누나, 동생은 모두 나와 다른 일을 하는 사람이에요. 그런데 그 사람들에게도 설명하고 있는 겁니다.

제 지도교수였던 텍사스대 심리학과 아트 마크먼 교수로부터 들은 이야기 중 지금도 두고두고 생각나는 말이 있습니다.

"세상에는 두 종류의 지식이 있다. 첫 번째는 내가 알고 있다는 느낌은 있는데 설명할 수 없는 지식이다. 두 번째는 내가 알고 있다는 느낌이 있을 뿐만 아니라 남들에게 설명할 수도 있는 지식이다. 두 번째 지식만이 진짜 지식이며 내가 쓸 수 있는 지식이다."

첫 번째 지식은 친숙하기 때문에 알고 있다고 착각하는 '가짜 이해'에 불과하지만 두 번째 지식은 실제로 정확하게 이해하고 있기에 다른 사람에게도 설명해 줄 수 있는 '진짜 지식'입니다.

실제로 설명하는 건 성적을 높이는 데 직접적인 도움이 됩니다. 예를 들어 학생 A는 도서관에서 조용히 공부만 한 반면, B는 도서관에서 공부한 후 자신이 습득한 지식을 친구들에게 설명해 주었습니다. 이 두 학생은 똑같은 집중도로 똑같은 시간 동안 공부했지만 B의 학업 성과가 월등히 높게 나왔습니다. 그 이유는 무엇일까요?

일단 사람은 무언가를 익힐 때보다 익힌 것을 말로 설명할 때 더 잘 기억하고 이해도도 높아집니다. 공부를 입력, 설명을 출력에 비유한다면 출력이 입력보다 8배 높은 학습 효과를 가집니다. B학생은 도서관에서 머리에 지식을 입력시켰을 뿐 아니라 친구들에게 설명함으로써 출력되기까지 했으니, 당연히 B학생의 학습 효과가 더 높을 수밖에 없습니다.

두 번째로 설명은 '내가 안다고 생각했지만 사실은 모르고 있었다는 사실'을 알게 해줍니다. 예를 들어 B학생은 열심히 공부했고 공부한 것을 대부분 이해했다고 생각했지만 막상 친구에게 설명을 시작하자 막히는 부분이 있었습니다. 정확하게 설명할 수 없다는 건 정확하게 이해하지 못했음을 의미하지요. 덕분에 B학생은 그 부분을 다시 공부해야 한다는 필요성을 느끼고 그 부분에 대해서 더 정확하게 알 수 있는 기회를 얻을 수 있게 되는 것입니다.

여러분이 정말 어떤 것에 대해 제대로 이해하고 있는지 알고 싶다면 방법은 간단합니다. 말로 설명해 보면 됩니다.

쉽게 쓰는 말로
바꿔라

이제 어른들의 세계로 가볼까요? 미국의 실리콘밸리Silicon Valley든, 나사NASA든, 독일의 막스플랑크 연구소Max Planck Gesellschaft든 분야를 막론하고 뛰어난 사람들은 한 가지 특징이 있습니다. 내가 하는 일을 전혀 모르는 사람에게도 내 일에 대해 친절하게 설명할 수 있다는 것입니다. 나와 전혀 다른 분야의 일을 하는 사람에게 내가 하는 일을 설명하려면 어떤 불편함을 감수해야 할까요?

우선 내가 쓰는 언어들 중에 두 가지를 쓰지 못합니다. 전문용어와 약어입니다. 누구나 알아들을 수 있는 말로 풀어 써야 합니다. 내가 쓰는 전문용어를 누구나 알아들을 수 있는 일상용어로 풀 때 인간은 지혜로워집니다. 이것을 학문적으로는 '영역 특정적 전문 용어를 영역 일반적 보편 언어로 바꾸는 과정'이라고 말합니다. 뜻은 간단해요. 어린아이들도 알아들을 수 있는 말로 바꾸는 것. 이걸 하다가 인간은 대부분 큰 깨달음과 통찰, 지혜를 얻게 됩니다.

1976년 캘리포니아 팰로앨토Palo Alto에 코닥Kodak이라는 회사의 R&D연구센터가 있었어요. 코닥은 필름을 만드는 회사입니다. 여러분은 잘 모를 수 있겠지만, 몇십 년 전만 해도 사진을 찍으려면 카메라에 두루마리 휴지 같은 걸 넣었어요. 그게 바로 필름입니다. 셔터를 누르면 필름에 상이 맺히고, 그 필름을 현상하고 인화하는 과정을 거쳐야 출력된 사진을 볼 수 있었어요.

당시 이 회사의 연구진은 더 값싼 필름을 개발하려고 연구 중이었어요. 필름을 구체적으로 말하면 '빛에 노출되면 표현에 변화가 일어나 영상이 포착되는 화학 물질'이라고 말할 수 있습니다. 이러한 정의에 의하면 고민의 초점은 어디에 있었을까요? 화학 물질에 있었겠지요? 하지만 필름을 대체할 더 저렴한 화학 물질은 찾기가 어려웠을 겁니다.

그런데 이 회사에서 필름을 만들던 엔지니어 스티븐 새슨Steven Sasson이라는 사람이 있었습니다. 어느 날 벤치에서 쉬고 있는데, 유치원생들이 견학을 왔어요. 다른 동료들은 설명하기 귀찮으니까 다 도망갔어요. 하지만 스티븐 새슨은 사람이 좋아서 반갑게 아이들을

창의성이 없는 게 아니라 꺼내지 못하는 것입니다

맞아 줍니다. 그러자 아이들이 그를 둘러싸고 질문 공세를 퍼붓습니다.

첫 질문은 이거였다고 합니다. "아저씨, 여기가 어디에요?" 어이없는 아이들의 질문에도 스티븐 새슨은 친절하게 답을 해줍니다. "응, 여기는 필름 만드는 회사야." 그러자 어떤 아이가 "아저씨, 필름이 뭐예요?" 하고 물었고, 스티븐 새슨은 말문이 막혔다고 합니다. 지금까지 한 번도 필름이 뭔지에 대해서 설명해 본 적이 없었던 것이죠.

대학생만 되어도 이렇게 설명하면 됩니다. "필름이란 빛에 노출되면 이미지를 형상화하기 위해서 화학 반응하는 물질이야." 이게 여섯 살짜리에게 가당키나 한 설명입니까? 누구나 알아들을 수 있는 말로 풀어야 되겠죠? 그래서 스티븐 새슨은 한동안 고민하고 이렇게 대답했다고 합니다.

"필름은 그릇이야."

다시 아이가 묻습니다.

"왜 그릇이에요?"

"응, 이 세상의 모든 이미지를 다 넣을 수 있거든."

이렇게 말하니까 아이가 이해를 합니다.

세상의 모든 이미지를 담을 수 있는 그릇. 필름이라는 용어를 어린아이도 알아들을 수 있는 말로 바꿔 본 것입니다. 스티븐 새슨은 마음이 흐뭇해지죠. 자기 몸 안에 엔지니어의 피만 흐르는 것이 아니라 아동문학가의 피도 흐른다는 걸 발견했으니까요.

그런데 이 말을 한 스티븐 새슨의 앞에 그릇이 하나 더 보입니다. 1970년대 당시의 젊은이들은 mp3도 없고 CD도 없어서 '카세트테이프'라고 하는 곳에 음악을 담아서 들었어요. 스티븐 새슨의 눈에는 이것도 그릇이 됩니다. 세상의 소리를 담는 그릇. 그래서 스티븐 새슨은 '이거 봐라. 이것도 그릇이 되네. 그렇다면 카메라 렌즈에서 나온 이미지가 왜 필름이라는 그릇으로만 가야 돼? 같은 그릇이니까 카세트테이프라고 하는 그릇으로 보내도 되지 않을까?'라고 생각하게 됩니다.

그리고 그는 불과 몇 달 만에 우리가 지금 쓰는 디지털카메라를 만들어 냅니다. 지금 생각해도 무척 기발한 아이디어지요? 작은 발상의 전환으로 디지털카메라가 세상에 나왔고, 이는 이후 촬영 장비의 일대 혁신으로 이어집니다. 스티븐 새슨이 IT의 역사를 바꾼 것이지요. 필름을 누구나 알아들을 수 있는 말로 바꾸는 과정에서 이 아이디어가 나온 겁니다.

그러니 부모님들은 내 아이가 자신과 많이 다른 친구들을 만나는 걸 두려워하면 안 돼요. 그리고 나 자신도 나랑 전혀 다른 분야의 공부나 일을 하는 사람들과 만나는 걸 두려워해서는 안 됩니다.

심지어 실리콘밸리에서는 굉장히 뛰어난 엔지니어나 프로그래머들이 유치원에 가서 아이들에게 자기가 하는 일이나 자기가 만드는 장비를 설명해 주는 일을 재능기부라고 부르지 않습니다. 재능기부는 영어로 탤런트 도네이션talent donation이죠? 실리콘밸리에서는 그렇게 하는 것을 탤런트 파트너십talent partnership이라고 불러요. 그만큼 우리 인간은 나와 전혀 다른 사람에게 내가 하는 일을 쉽게 풀어서 설명할 때 더 지혜로워집니다.

설명이 어렵거나 막힌다는 건 무엇을 의미할까요? 내가 완전히 알지 못할 때 설명이 막히죠? 설명을 많이 해봐야 해요. 그래야 어디서 막히는지를 알 수 있습니다. 설명하다 막히는 곳이 바로 내가 모르고 있다는 걸 몰랐던 데예요. 우리는 입을 열어야 합니다. 누구한테까지 설명해야 할까요? 내 일을 잘 모르는 사람, 내 일과 무관한 사람한테까지 설명해야 합니다.

저는 실리콘밸리에서 사업 아이템을 기획한 다음에 파워포인트로 제안서를 만들어서 첫 프레젠테이션을 자기 방 청소하는 분을 앉혀 놓고 하는 임원을 본 적이 있습니다. 나와 전혀 다른 일을 하는, 내가 하는 일에 대해서 전혀 모르는 이 사람도 알아듣게 만들 수 있다면 나는 온전히 제대로 알고 있는 거예요.

아인슈타인과
파인만의 공통점

왼쪽 사진 속에 있는 사람 보이나요? 아인슈타인이죠? 오른쪽 사진에 있는 사람은 리처드 파인만입니다. 여러분은 20세기의 위대한 물리학자 두 사람 중에 한 사람만 알고 계실 겁니다. 우리는 문화적으로 아인슈타인만 소비했어요. 우유도 아인슈타인 우유만 마셨습니다.

왜 우리는 위대한 두 물리학자 중에 파인만은 기억하지 못하고, 아인슈타인만 문화적으로 소비했을까요? 아인슈타인은 나를 불편하게 하지 않기 때문입니다. 왜? 아인슈타인은 천재니까요. 실제로 아인슈타인이 IQ검사를 받았는데 180이 훌쩍 넘었다고 합니다. 연

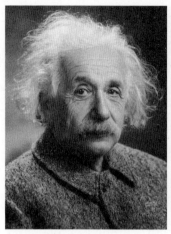

| 아인슈타인(좌)과 리처드 파인만(우)

구자들에 따라서는 지금 IQ로 보정하면 190이 넘는다고 말하는 사람도 있습니다.

제가 밤새 술을 마시고 다음 날 아침 시체처럼 자고 있는데 어머니가 와서 "야 이 녀석아. 아인슈타인은 노벨물리학상을 받았는데, 너는 이게 뭐냐?" 해도 저는 할 말이 있습니다.

"어머니, 아인슈타인의 어머니는 아인슈타인을 180이 넘는 IQ로 낳으셨죠. 근데 어머니는 저를 IQ 125로 낳으셨어요. 차이가 60이 넘는데 이거 어떡하실 거예요?"

왜냐하면 IQ는 부모의 영향을 많이 받거든요. 앞서 설명했듯 인간은 부모님으로부터 두 가지를 물려받는데, 그 두 가지가 바로 IQ 같은 기초 사고능력과 성격입니다. 진짜 재미있는 건, 부모님이 이 두 가지를 가지고 뭐라고 하시면 안 되는데 맨날 이렇게 말씀하십니다. "넌 누굴 닮아 머리가 이러니?" "넌 성격이 대체 왜 이래?" 법적으로 물려준 쪽이 가해자죠? 부모님들이 그렇게 말씀하시는 건 가해자가 피해자에게 화내는 거나 마찬가지예요.

그러니까 아인슈타인이 노벨물리학상을 받아도 저는 할 말이 있어요. 아인슈타인은 천재니까, 나랑 다르니까. 그런데 리처드 파인만은 저를 불편하게 하더라고요. 리처드 파인만은 두 번이나 IQ 검사를 받았는데 둘 다 120대가 나왔다고 합니다. 저랑 비슷해요. 그래서 리처드 파인만은 저를 불편하게 합니다. IQ가 비슷한데 이 사람은 노벨물리학상을 받고, 또 한 사람은 밤새 술 먹고 뻗어 있으니까요. 그래서 우리는 언젠가부터 리처드 파인만을 얘기하지 않게 된 것인지도 모릅니다.

어쨌든 IQ는 아인슈타인과 파인만의 공통점이 아닙니다. 20세기의 위대한 두 물리학자의 공통점은 의외의 곳에 있었습니다. 두 사람 다 학부 1학년 강의를 즐겨 했고, 시민을 대상으로 강좌도 즐겨 했습니다. 그들은 물리학을 전혀 모르는 사람들과 기꺼이 대화했습니다. 내가 알고 있다는 착각에서 벗어나는 고통과 말을 쉽게 해야 하는 불편함을 기꺼이 감수하면서 창조성을 키웠던 것입니다.

여러분, 우리는 굉장히 많은 경우에 나보다 조금 부족한 사람을 도와주면서 혹은 가르쳐 주면서 성장합니다. 물론 나보다 뛰어난 사람에게 일을 배워야 하는 경우도 있습니다. 그러나 나보다 어린 친구들이나 내 일에 관심은 있지만 아직 능력이 부족한 사람들을 도와주고 가르쳐 주면서 내가 지금까지 뭘 잘 모르고 있었는지, 내가 뭘 놓치고 있었는지를 발견합니다.

나보다 뛰어난 사람한테 설명을 하면 나한테 무엇이 부족한지를 알기가 어렵습니다. 전교 1등이 전교 2등에게 설명해 준 경우처럼, 그 사람이 내 설명을 너무 귀신같이 잘 알아듣는 거지요. 의외의 곳에 성장의 단서가 있습니다. 나보다 못한 사람, 잘 모르는 사람을 도와주고 가르쳐 주면 의외의 곳에서 메타인지를 통해 급성장하는 자신을 발견할 수 있을 것입니다.

6장

창의는 연결하는 힘이다

제 나이쯤 되면 아주 자주 경험하고, 여러분 나이만 되어도 경험하는 느낌이 있습니다.

'아! 내가 왜 그 생각을 못 했지?'

시험을 치른 후 "아는 문제인데 틀렸어요. 왜 시험 볼 때는 생각이 안 났지?" 하는 아쉬움 섞인 표현으로 나오기도 하고, "그런 방법이 있었네요. 왜 그걸 생각 못했을까요? 죄송합니다" 하는 직장인의 후회 섞인 자책으로 나타나기도 합니다.

이런 말은 "그런 게 있는 줄 꿈에도 몰랐어요"보다 훨씬 더 자주 사람들 입에 오르내립니다. '왜 그 생각을 못 했을까?'와 '그건 정말 몰랐네'는 어떤 차이가 있는 것일까요?

'그건 정말 몰랐네'는 그 아이디어나 지식 자체를 전혀 몰랐다는 말이지만, '왜 그런 생각을 못했을까?'는 조금 어렵게 말하면 '나의 지식체계 내에 저장되어 있었지만 지금 주어진 문제에 활용할 목적으로 의식에서 꺼내지 못했다'는 말입니다. 사실 우리는 살면서 '몰라서' 풀지 못하거나 해결하지 못하는 문제보다는 '아는데 꺼내지 못해서' 해결 못 하는 문제가 더 많습니다.

창의성이 없는 게 아니라 꺼내지 못하는 것입니다

학생일 때는 시험 문제 몇 개 더 틀리는 것으로 끝나지만, 어른이 되어 세상을 살면서 부딪히는 문제들은 미처 그 해법을 생각하지 못했음을 알고 나중에 땅을 치고 후회하는 일이 많습니다. 그런데 더 안타까운 것은 생각을 꺼내지 못해 실패를 거듭하는데도 사람들은 더 다양한 지식을 더 머릿속에 넣는 데만 신경을 쓴다는 것입니다. 머릿속에 있는 기존 지식을 제대로 사용하지 못해서 실패를 경험했는데도 말이죠.

왜 이런 악순환이 반복되는 것일까요? 그건 머릿속에 집어넣는 것보다 꺼내는 것이 훨씬 어려운 일이라는 것을 자꾸 간과하기 때문입니다.

칼 던커의
종양 문제

칼 던커Karl Duncker라고 하는 심리학자가 있었습니다. 보통 심리학자들에게 "왜 심리학 공부를 시작하셨어요?"라고 물으면 "인간을 이해하기 위해서", "인간을 돕기 위해서"라고 대답합니다. 그런데 칼 던커는 어떻게 하면 인간을 괴롭힐까, 힘들게 할 수 있을까를 연구했습니다. 어떻게 사람을 괴롭히느냐 하면, 굉장히 풀기 어려운 문제를 만들었습니다. 그 문제를 사람들에게 던져 주고 그걸 풀지 못해 괴로워하는 모습을 보면서 희열을 느꼈어요. 이쯤 되면 성격에 문제가 있다고 할 수 있겠지요?

  칼 던커가 만든 문제 중에 난이도 중하에 해당하는 문제를 한번 내보겠습니다. 칼 던커 문제에서 '난이도 중하'가 어느 정도에 해당하는가 하면 세계 어느 대학에 가서 이 문제를 내도 10% 정도의 학생만 이 문제를 풉니다. 저도 이 문제를 우리나라 대학뿐 아니라 세계 유명 명문대학에 가서 내봤는데, 딱 10%만 풀고 나머지 90%는 갑자기 싫어증이 옵니다. "어~" 이러고 있다 손도 못 대고 제한시간 30분이 끝납니다. 자, 한번 문제를 볼까요?

"당신은 의사입니다. 당신 앞에는 위에 악성 종양이 있는 환자가 있습니다. 이 환자를 수술하는 것은 불가능합니다. 하지만 종양이 제거되지 않으면 이 환자는 사망하게 됩니다. 그런데 이 종양을 파괴할 수 있는 레이저가 최근 개발되었습니다. 만일 레이저가 충분한 강도로 한 번에 종양에 도달하게 되면 그 종양은 제거됩니다. 하지만 강한 레이저가 종양에 도달하게 되면 거기에 도달하기 전까지 통과하는 다른 신체 부위도 마찬가지로 파괴됩니다. 반면 낮은 강도로 종양에 도달하면 다른 신체 조직은 피해를 보지 않지만, 종양도 제거되지 않습니다. 건강한 다른 신체 조직을 파괴하지 않고 종양을 제거하는 방법에는 어떤 것이 있을까요?"

쉬워 보이지만, 이 문제는 전 세계에서 가장 뛰어난 학생들이 모인다고 하는 대학에서조차 단 10% 내외의 학생만 풀어낸 문제입니다. 그런데 답은 무척 간단해요. "여러분, 이런 아이디어는 어때요?" 하고 해결책을 보여 주면 문제를 풀지 못했던 90%의 학생들이 자신을 저주하기 시작합니다. 왜? 너무 간단한 아이디어였는데, 그걸 꺼낼 생각조차 못했다는 자죄감에 자신이 미워지는 겁니다.

잘 모르겠다고요? 그러면 잠시 머리도 식힐 겸 다른 에피소드 하나를 들려드리겠습니다.

옛날 어느 나라에 독재자가 살고 있었다. 그는 나라 가운데 위치한 튼튼한 요새에 살고 있었다. 요새 주변에는 농장이나 계곡 등이 있으며, 요새로 가는 길은 여러 갈래가 있었다. 어느 장군이 독재자를 제거하려는 마음을 먹었다. 자신의 모든 병력을 투입하면 요새를 함락시킬 수 있다고 생각했다.

그런데 독재자가 여러 길에 지뢰를 설치해 놓았다. 이 지뢰는 적은 수의 사람들은 안전하게 피해 갈 수 있지만 많은 병력이 지나게 되면 폭파된다. 지뢰는 길과 주변 마을까지 파괴할 정도로 강력하다. 적은 병력으로는 지뢰를 피할 수는 있으나 요새를 함락시킬 수 없고, 많은 병력은 지뢰 때문에 인명 손실이 클 것이다.

고민하던 장군은 단순한 작전을 세웠다. 우선 자신의 모든 병력을 소규모의 부대로 나눈 후 각 부대를 여러 갈래 길에 각각 배

치하였다. 그리고 각 부대가 동시에 요새로 출발하여 모든 병력이 정해진 시간에 집합하도록 했다. 결국 총집합한 많은 병력으로 요새를 함락하고 독재자를 처단하였다.

자, 이제 다시 종양 문제로 돌아가 보겠습니다. 해결책이 떠오르나요? 힌트는 잠시 머리를 식힐 겸 들려드린 이야기에 있습니다. 아마도 지금쯤은 종양 제거 문제의 해결책을 많이들 떠올렸을 거예요. 레이저 강도를 약하게 해서 여러 방향에서 종양을 향해 함께 쏘면 됩니다. 이렇게 하면 중간에 있는 신체 장기는 손상시키지 않으면서, 최종적으로 종양에 도달하는 레이저는 합쳐져 원래의 강도를 유지할 수 있습니다. 간단하죠?

그런데 어떤 경우에는 이렇게도 해봅니다. 대형 강연장은 장내 정리하는 데 시간이 좀 걸리죠? 그래서 보통 강연 시작 전에 동영상이나 음악 같은 것을 틉니다. 그래서 앞서 들려드린 내용을 담은 3분짜리 동영상을 강연 전에 보여 줍니다. 그리고 20분쯤 강연을 쭉 하다가 갑자기 칼 던커의 종양 문제를 학생들에게 제시합니다. 그러면 10%가 아니라 30%의 학생들이 종양 문제를 풉니다.

놀라운 건 그래도 70%가 이 문제를 해결하지 못하고 있다는 거예요. 전원이 이 문제를 해결하게 하려면 한마디만 더해 주면 됩니다.

"여러분이 아까 봤던 동영상에 힌트가 있습니다."

그러면 대부분의 사람이 이 문제를 해결합니다.

이러한 실험 결과는 무엇을 의미하는 것일까요? 우리는 세상을 살아가면서 굉장히 많은 문제들을 만나는데, 대부분은 이미 머릿속에 그 문제를 해결할 만한 단서들을 가지고 있습니다. 다만 그걸 꺼내지 못해서 문제를 해결하지 못하는 것입니다.

왜 머릿속에 있는 단서들을 가져다 쓰지 못하는 것일까요? 영역이 다르기 때문입니다. 칼 던커의 문제는 의료 영역에 해당하는 문제입니다. 그리고 강연 20분 전에 동영상을 통해 제공한 단서는 군대 영역에 해당합니다. 군대 영역의 단서가 들어오니까 가져다 쓰지 않은 것입니다.

우리가 창의적 아이디어를 내지 못하는 건 지식이 적기 때문이 아닙니다. 지식을 안 가져다 쓰기 때문입니다.

유추의
힘

화학 분야에서 창의적인 사람으로 손꼽히는 아우구스트 케쿨레 August Kekule라는 화학자가 있습니다. 그는 오랫동안 벤젠이라는 물질의 본질을 밝히기 위해서 연구에 연구를 거듭하고 있었어요. 그러던 어느 날 피곤에 지쳐서 깊은 잠에 빠졌는데, 뱀이 자기 꼬리를 무는 꿈을 꾸었습니다.

그는 꿈에서 보았던 뱀의 사슬에서 힌트를 얻어 기존의 직선 형태에서 벗어나, 벤젠의 구조가 고리 모양이라는 것을 생각해 냈습니다. 고리 모양의 분자 구조식은 순환하는 형태로, 자연스럽게 처음이 끝이고, 끝이 처음이 됩니다. 이것이 벤젠이라는 물질의 핵심이었던 것이지요. 케쿨레의 이 발견은 지금까지도 화학 역사상 가장 창의적인 발견 중 하나로 평가되고 있습니다.

당시 같은 고민을 하던 화학자들이 케쿨레와 같은 꿈을 꾸었다면 케쿨레처럼 벤젠의 분자 구조를 밝혀서 노벨상을 받을 수 있었을까요? 아마 그러지 못했을 것입니다. 그렇다면 왜 케쿨레만 뱀이 자기 꼬리를 무는 꿈을 벤젠의 모형에 적용할 수 있었던 것일까요?

창의적 발견을 진정으로 이해하려면 창의성을 발휘하는 순간에 그 사람에게 어떤 일이 일어났는지를 보다 자세하고 꼼꼼하게 살펴보아야 합니다. 그래서 저는 부모님들에게 자녀들에게 위인전을 사줄 때 부모님이 먼저 읽어 보라고 조언합니다. 많은 위인전이 그들이 달성한 업적을 자랑하는 데만 열중해요. 하지만 그보다 중요한 것은 그 결과를 만들기 위해 그들이 어떤 과정을 거쳤는가입니다.

다시 케쿨레의 이야기로 돌아가면, 그의 일화에서 볼 수 있듯 대부분의 위대하고 창의적인 발견들은 겉으로는 상관없어 보이지만 본질적으로는 같은 것을 이어 붙여 보는 과정을 포함합니다. 심리학에서는 이것을 '유추analogy'라고 부릅니다. 그런데 지금 내 앞에 주어진 문제와 내 머릿속에 가지고 있는 단서 사이에 표면적인 유사성이 떨어질수록, 그러니까 해당하는 영역이 다를수록 기존 지식을 꺼내기가 쉽지 않습니다.

창의적인 사람들은 여기저기 흩어져 있는 생각들을 잘 연결시키는 능력이 강해요. 이렇게 멀리 떨어져 있는 것을 가져와 잇는다는 것은 좌뇌든 우뇌든 뇌의 연결성이 좋다는 것을 의미합니다. 그러니까 케쿨레 같은 사람은 적을 수밖에 없지요. 하지만 각기 다른 것을 연결해 보는 유추의 결과는 매우 엄청나고 위대합니다.

창의성을 키우는
기초 체력, 은유

그런데 이 '떨어져 있는 것 이어 붙이기'는 생각보다 우리의 일상생활에서 아주 빈번하게 일어나고 있습니다. 바로 메타포metaphor, 은유입니다. 은유가 뭘까요? 은유란 비유법의 하나로 행동, 개념, 물체 등을 그와 유사한 성질을 지닌 다른 말로 대체하는 것입니다.

'눈은 마음의 창'이라는 구절을 예로 들어 봅시다. 눈, 마음, 창은 제각각 다른 범주에 속하므로 얼핏 생각하기에 이 세 단어는 전혀 연결성을 가지지 않습니다. 하지만 눈과 창은 '무언가를 볼 수 있게 하는 통로'라는 유사성을 지닙니다. 이 유사성을 이어 붙여 "눈은 마음의 창이다"라는 문장이 탄생한 것이지요.

창의성이 없는 게 아니라 꺼내지 못하는 것입니다

'눈은 마음의 창이다'라는 말을 처음 들어 본 사람은 그 뜻을 이해하기 위해 뇌에서 엄청난 활동이 일어납니다. 유추를 하기 위해서는 각기 다른 영역에 저장되어 있는 '눈', '마음', '창'이라는 개념을 하나로 이어 붙이는 작업이 필요한데, 이때 앞이마엽과 다른 피질, 혹은 앞이마엽 안에서도 여러 가지가 연결됩니다.

뇌과학 용어로 표현하면 세포 간의 시냅스가 형성되는 것입니다. 은유적 표현을 듣고 이해하려는 순간 세 개념 사이에 새로운 길이 열리게 됩니다. 아직 낯선 표현이라 반듯한 아스팔트 길은 아니어도 최소한 따라 걸을 수 있는 오솔길 정도는 생깁니다.

이렇게 뇌 속에 새로 만들어지는 길이 많을수록 멀리 떨어져 있는 것을 서로 연결할 수 있는 기초가 다져집니다. 사방팔방으로 도로가 잘 발달된 도시처럼 우리 뇌도 그렇게 만들 수 있습니다. 그러니까 은유는 인간이 가진 아주 중요한 생각의 산물이자 전달 방식입니다.

내 앞에 놓인 문제와 본질적으로는 연결되는 지식이 있어도 표면적으로 많이 다르다면 필요할 때 꺼내 쓰기가 어렵습니다. 이 둘 사이를 연결해 보려는 시도가 유추라고 말씀드렸지요? 은유는 유추하고 많이 닮아 있습니다. 즉 은유를 많이 사용하고 만들어 낸다는 것은 유추를 잘하기 위한 기초 체력을 기르는 것과 같습니다. 창의성은 이 은유적 표현을 얼마나 접하고 사용했는지 달려 있다 해도 과언이 아닙니다.

창의적 발명이나 아이디어로 인류 역사에 기록된 인물들은 어김없이 어린 시절에 이러한 은유에 대한 경험이 풍부합니다. 수많은 시를 읽거나 추상적이고 어려운 관념을 그림으로 자유롭게 표현하는 등 어린 시절에 다양한 은유 연습을 하면 나중에 어른이 되었을 때 엄청난 힘을 발휘합니다.

그리고 은유를 연습할 수 있는 유일한 적기가 바로 여러분 나이 때입니다. 어른이 되면 다른 사람들의 시선과 사회적 요구 때문에 이런 시도를 할 수 있는 시간과 여유가 허락되지 않습니다. 부모님과 선생님들은 자녀와 학생들이 은유 연습을 자유롭게 할 수 있는 환경을 제공할 의무가 있습니다. 하지만 학교 공부 따라가기도 바쁜 현실에서 은유 연습을 하겠다고 하면 아마 바보 같은 짓이라고 할 겁니다.

사실 어른들도 은유를 경험할 기회는 충분합니다. 그런데 대부분 은유를 경험하고 느끼는 것을 별로 좋아하지 않습니다. 시간도 오래 걸리고, 서로 멀리 떨어져 있는 것을 이어 붙여야 하니까 인지적으로도 힘이 듭니다. 게다가 깊이 생각하고 싶어 하지 않는 인지적 구두쇠인 우리가 좋아할 리 없지요.

시집을 많이
읽어야 하는 이유

메타포를 가장 잘 활용하고 있는 문학 장르는 '시'입니다. 시는 그야말로 메타포 덩어리라고 할 수 있습니다. 깊은 생각과 영감이 가득한 문장을 은유적으로 풀어내기 때문이지요. 그 예로 최승호 시인의 〈대설주의보〉를 같이 한번 읽어 볼까요?

대설주의보

해일처럼 굽이치는 백색의 산들,
제설차 한 대 올 리 없는

깊은 백색의 골짜기를 메우며
굵은 눈발은 휘몰아치고,
쬐그마한 숯덩이만 한 게 짧은 날개를 파닥이며……
굴뚝새가 눈보라 속으로 날아간다.

길 잃은 등산객들 있을 듯
외딴 두메마을 길 끊어 놓을 듯
은하수가 펑펑 쏟아져 날아오듯 덤벼드는 눈,
다투어 몰려오는 힘찬 눈보라의 군단,
눈보라가 내리는 백색의 계엄령.

쬐그마한 숯덩이만 한 게 짧은 날개를 파닥이며……
날아온다 꺼칠한 굴뚝새가
서둘러 뒷간에 몸을 감춘다.
그 어디에 부리부리한 솔개라도 도사리고 있다는 것일까.

길 잃고 굶주리는 산짐승들 있을 듯
눈더미의 무게로 소나무 가지들이 부러질 듯
다투어 몰려오는 힘찬 눈보라의 군단,
때죽나무와 때 끓이는 외딴집 굴뚝에

창의성이 없는 게 아니라 꺼내지 못하는 것입니다

해일처럼 굽이치는 백색의 산과 골짜기에
눈보라가 내리는 백색의 계엄령.

시인은 산과 골짜기에 눈보라가 내리는 상황을 '백색의 계엄령'
으로 표현하고 있습니다. 계엄령은 국가에 비상사태가 일어났을 때
국가 원수가 선포하는 명령인데, 계엄령이 선포되면 대체로 국민들
이 자유롭게 거리를 활보하지 못합니다. 이 시를 읽은 독자들은 산,
골짜기, 눈보라, 계엄령 등 전혀 연결성이 없을 것 같았던 단어들의
조합을 보고, 이제껏 생각해 본 적이 없는 새로운 해석을 접하게 됩
니다.

그런데 우리는 시를 읽는 것을 어려워합니다. 소설과 비교하면
단어 수가 훨씬 적은데도 읽는 데 시간이 더 많이 걸립니다. 그만
큼 깊은 사고를 필요로 하기 때문입니다. 생각은 육체노동에 버금
가는 에너지를 소모시키는데, 생각의 깊이가 깊을수록 더 많은 에
너지를 쓰게 됩니다. 그래서 저는 종종 강연에서 이런 농담을 하곤
합니다.

"다이어트 한다고 비싼 돈 들이지 마시고 시를 읽어 보세요."

학술적으로 확인된 바는 없지만, 관련 연구자들과 얘기를 나눠
보면 다들 일리가 있다고 입을 모읍니다.

은유가 시에만 있는 것은 아닙니다. 멀리 떨어져 있는 뭔가로 지

금 이 순간을 표현하거나 이어 붙이는 모든 것이 은유입니다. 오페라는 음악의 선율과 리듬으로, 발레는 동작으로 등장인물의 성격을 묘사합니다. 오페라나 발레를 볼 때마다 우리 뇌에서는 전혀 가보지 않은 길이 만들어지고 그 길을 걷는 왕성한 활동들이 일어납니다.

우리가 책을 많이 읽어야 하는 이유도 여기에 있습니다. 글은 다양한 은유의 측면을 지니고 있습니다. 책을 읽으려면 그 책의 '글자'들이 이야기하는 장면과 소리들을 스스로 머릿속에서 만들어 내야 합니다. 하지만 친절하게 영상과 음향이 바로 제공되는 텔레비전을 볼 때는 그냥 받아들이기만 하면 그만입니다. 내가 만들어 낼 필요도, 이유도 없습니다. 그래서 '상상하기'는 최소화되고, 그 상상을 위해 내 머릿속에 있는 기존의 지식이나 정보를 끌어다 쓸 필요도 줄어듭니다. 이러한 끌어다 쓰기가 줄면 줄수록 우리는 뇌 속에 있는 소수의 세포만 사용하게 됩니다.

마찬가지로 컴퓨터를 하는 동안에도 시냅스가 연결되지 않습니다. 인터넷 서핑이나 온라인 게임 등은 우리에게 생각할 틈을 주지 않고 그냥 모든 것을 제시해 주기 때문입니다. 컴퓨터는 분명 친절한 정보 제공자이지만 우리가 깊이 사고할 기회를 차단합니다. 반면 책은 불친절한 정보 제공자이지만 우리의 뇌를 더 많이 쓰게끔 만들어 유추적 사고와 같은 깊은 사고를 할 수 있도록 도와줍니다.

인지심리학자들은 책을 읽어야 하는 이유가 지식의 축적에 있다

창의성이 없는 게 아니라 꺼내지 못하는 것입니다

고 말하지 않습니다. 독서의 목적은 '지식의 재구성'입니다. '지식의 재구성'이란 파편화되어 여기저기 널려 있는 개별적인 지식을 하나의 의미 있는 덩어리로 묶는 것을 말합니다. 그렇게 하려면 책 중간 중간 포진하여 멀리 떨어져 있는 것을 묶는 '은유'라는 접착제를 계속해서 사용해야 합니다. 꼭 독서가 아니더라도 은유가 존재하는 다른 활동들을 충분히 경험하는 것이 좋습니다.

7장

원트Want와
라이크Like를
구분하라

창의적인 생각은 기본적으로 서로 다른 두 가지를 잇는 '연결성'에서 나온다고 말씀드렸지요? 연결성은 경험을 다양하게 함으로써 생각이 확장되는 것을 의미합니다. 세상에는 머리도 좋고 재능도 뛰어난 사람들이 많습니다. 하지만 아무리 머리가 좋고 재능이 뛰어나더라도 자신이 무엇을 원하고 어떤 재능이 있는지 모른다면 그 좋은 머리와 재능으로 할 수 있는 게 많지 않을 것입니다. 이는 연결성이 부족해서 생기는 일입니다.

　　그러니까 나는 어떤 사람이고 내가 가진 능력이 무엇인지 알기 위해서는 당연히 다양한 경험을 해야 합니다. 도서관에서 열심히 공부만 한다고 알 수 있는 일이 절대 아닙니다. 공부만 하는 많은 학생들은 이런 이야기를 자주 합니다.

"나는 내가 뭘 해야 즐거운지 모르겠어."
"앞으로 뭐가 되고 싶은지 모르겠어."

창의성이 없는 게 아니라 꺼내지 못하는 것입니다

공부를 하는 이유조차 모르는 채로 책상 앞에 앉아 있기만 하는 것입니다. 하지만 다양한 경험을 하는 학생은 그 경험들을 통해 자신이 하고 싶은 일을 찾아냅니다. 그리고 그 일이 대개 자신이 열심히 공부하는 목적이나 이유가 됩니다. 목적이 분명한 사람은 그렇지 못한 사람보다 집중도가 더 좋을 수밖에 없습니다. 사람은 무언가를 하고 싶다고 생각한 순간부터 그것을 하기 위해 자신이 할 수 있는 최선의 노력을 기울이기 때문이지요.

여기서 질문을 하나 던지겠습니다. 원트Want와 라이크Like의 차이는 무엇일까요? 우리는 보통 원트와 라이크를 구분하지 않고 씁니다. 그런데 이 원트와 라이크를 구분하지 못하면 내가 무엇을 가져야 행복하고 지혜로워지는지 알기가 힘듭니다. 원트와 라이크가 얼마나 다른지 보여 드릴게요.

원트는 우리말로 해석하면 '원하다'입니다. 순도 100%짜리 '원하다'는 내가 그것을 안 가지고 있는 상태, 가지고 있지 못한 상태를 벗어나고 싶다는 것입니다. 라이크는 우리말로 해석하면 '좋아하다' 죠? 라이크는 그것을 가지느냐, 안 가지느냐가 중요하지 않아요. 그것과 오래 같이 가고 싶다는 것입니다.

그래서 원트는 지금 이 순간 무엇인가에서 벗어나고 싶다는 욕망입니다. 그런데 라이크는 지금 이 순간이 문제가 아니에요. 그거랑 오래 가고 싶다는 거니까요. 우리가 강렬하게 원트를 느낀다는 것은, 지금 이 순간 내가 무언가를 가짐으로써 나를 불편하게 하고 고통스럽게 하는 상황으로부터 벗어날 수 있다고 생각하고 있다는 뜻입니다.

원트와 라이크, 둘 중 하나가 없는 상황이 많습니다. 이른바 라이크 없는 원트, 원트 없는 라이크이지요. 그런데 그동안 우리는 이 둘을 구분하지 못했기 때문에 지금까지 나 자신이든 타인이든 그 사람이 무언가를 굉장히 원하면 자동적으로 좋아하는 것이라고 착각해왔습니다. 또 어떤 사람이 무언가를 굉장히 좋아하면, 내가 그걸 갖게 해줘야 한다고 생각합니다.

그런데 문제는 두 가지가 서로 다르다는 것입니다. 우리 인생에서, 우리가 맺는 수많은 관계 속에서 그 두 가지가 다르다는 것을 확인하지 못해서 우리는 많은 것을 낭비하고, 배신감을 느끼고, 헛수고를 하며 살아갑니다. 이제 원트와 라이크를 구분하지 못해 겪었던 저의 실패담을 한 가지 말씀드리겠습니다.

Want but Not Like

몇 해 전 5월에 초등학교 4학년인 둘째 딸아이를 데리고 잠실에 있는 놀이동산에 놀러 갔습니다. 마침 그날이 그 놀이공원의 개관 몇십 주년 기념행사 기간이라 스페셜 아이템들이 많았는데, 놀이동산에서 '스페셜하다'는 것은 무슨 의미일까요? 비싸다는 것입니다.

딸아이는 놀이동산에 들어가자마자 자신을 제외한 다른 모든 아이가 어떤 풍선을 가지고 있는 상황을 발견합니다. 자기만 그 풍선을 안 가지고 있는 거죠. 아이의 반응이 어땠겠습니까? 일단 풍선 사달라고 바닥에 드러눕습니다. 자기만 그 풍선을 안 가지고 있는 상태가 불편한 겁니다. 그래서 거기서 빨리 벗어나고 싶은 거지요. 난리가 났습니다. 둘째 딸아이는 꼭 저를 알아볼 만한 사람들이 있는 데서만 땡깡을 피워요. 아빠를 망신 주려는 거죠.

어쩔 수 없이 풍선을 사 주러 기념품 가게에 갔습니다. 풍선 가격을 물어보고 깜짝 놀랐어요. 풍선은 다 몇 백 원 하는 줄 알았는데, 만 4천 원이라는 거예요. "어떻게 이게 만 4천 원이에요?"라고 물었더니 판매하시는 분이 스페셜 풍선이라 그렇대요. 납득은 안 됐지만 거금 만 4천 원을 지불하고 풍선을 아이 손에 쥐여 주었습니다.

당연히 이제 딸아이는 조용해졌겠지요? 불편한 상태가 아니니까. 그런데 불과 15분 정도가 지났을까. 제가 앞서서 걸어가고 있는데 딸아이가 뒤에서 굉장히 불길한 말을 합니다.

"아, 아빠 팔 아파요."

사람이 많아서 소리가 잘 안 들려서 "뭐라고?" 했더니 딸아이가 조금 더 짜증스럽게 얘기합니다.

"아, 아빠 팔 아파요~"

그래서 제가 뒤를 돌아보며 "아, 뭐?" 그랬더니 딸아이가 세 번째로 이야기합니다.

"아빠, 팔 아프다니까!"

때마침 저한테 SNS 메시지가 와서 답장하느라 이모티콘을 보냈습니다. 그러니까 1~2분도 아니고 3~4초 정도 지났겠죠? 그러고 난 뒤에 다시 뒤를 돌아보았더니 뭐가 하늘로 올라가고 있어요.

그 풍선은 저한테 그냥 풍선이 아닙니다. 만 4천 원이에요. 저는 하늘로 올라가는 만 4천 원을 물끄러미 쳐다보면서 그제야 한 사람의 심리학자로서 깨달음이 왔어요. 왜 친부모도 친자식을 미워하는가를 깨달을 수 있었습니다.

이것이 전형적으로 원트와 라이크를 구분하지 못해서 일어난 상황입니다. 딸아이는 풍선에 대해 원트만 있었어요. 그 풍선을 다른 아이들은 가지고 있고 자기만 안 가지고 있는 상황이 불편했기 때문에 벗어나고 싶었을 뿐, 풍선에 대한 라이크는 없었던 것입니다. 아무리 손에 쥐고 싶었다 한들, 일단 손에 쥐고 나면 오래 가져가진 않는 것이지요.

재미있게도 이런 일은 우리 인생에 자주 일어나는 일입니다. 그때 제가 조금만 더 지혜로운 부모였다면 아이가 가지고 싶다고 아무리 난리를 쳤다 해도 풍선을 사 주기 전에 딸아이가 그걸 좋아하는지도 봤어야 합니다.

어떻게 하면 될까요? 의외로 간단합니다. 이 아이가 무엇 때문에 불편했어요? 주위의 아이들이 모두 가지고 있는데 나만 안 가지고 있는 상황이 불편했던 거니까 아이 손을 붙잡고 다른 아이들이 풍선을 안 들고 있는 곳으로 걸어가 봤어야 합니다. 그곳에서 더 이상 딸아이가 풍선에 대해 얘기하지 않고 떠올리지 않는다면 아이는 풍선을 원트, 원하기만 했을 뿐 라이크, 좋아하지는 않았던 겁니다. 그렇게 상황이 종료되면 만 4천 원을 안 써도 되는 거지요. 하지만 주위의 아이들이 풍선을 안 들고 있는 곳에 가서도 딸아이가 여전히 풍선을 기억하고 사달라고 얘기한다면 딸아이는 풍선을 원하기도 하고 좋아하기도 하는 겁니다. 그러면 그 풍선을 사 줘야겠지요.

여러분 역사상 가장 유명한 바람둥이가 누구인가요? 카사노바입니다. 카사노바는 전형적으로 이성에 대해서 원트만 있고, 라이크는 없는 사람입니다. 영화 〈카사노바〉를 보면 카사노바는 한 여성의 마음을 사로잡기 위해 별의별 짓을 다하지만, 막상 그 여성이 자기한테 마음을 주면 그다음에는 다른 데로 가 버려요. 그 여성을 갖고 싶었지만, 같이 오래 있기는 싫은 거지요.

많은 사람이 원트를 라이크로 착각합니다. 하지만 라이크가 없는 원트는 진정한 행복감을 느끼게 하지 못합니다.

그러니까 여러분도 원하는 것이 있다면, 진정한 행복을 느끼고 싶다면 그게 직업이든 사람이든 확인해 보셔야 합니다. 내가 그것을 원하기만 하는지, 아니면 원하기도 하고 좋아하기도 하는지. 내 시간, 내 노력, 심지어 내 돈까지 쏟아부어서 내 것으로 만들 필요가 있는지 보려면, 그것을 안 가지고 있어도 조금도 불편함 없이 행복하게 잘 사는 사람들을 만나러 가보세요. 그럼 내가 정말 그걸 좋아하는지 알 수 있을 겁니다.

원트와 라이크를 구별하게 해주는 건 다양한 경험입니다. 앞서 얘기했던 그 경험을 통해 제 딸아이는 자신이 풍선을 원하기는 하지만 좋아하지는 않는다는 것을 알게 되었을 것입니다. 이렇듯 다양한 경험을 통해 내가 원하기도 하고 좋아하기도 하는, 다시 말해 그걸 안 하면 불편하고 오랫동안 같이 가고 싶은 생각이 드는 일을 찾아야 우리는 행복해질 수 있습니다.

Like but Not Want

수많은 똑똑한 사람들도 원트와 라이크를 구분하지 못해서 실수를 합니다. 전 세계에서 가장 똑똑한 회사 중 하나인 애플도 그런 실수를 한 적이 있어요.

자, 이 컴퓨터 참 예쁘지 않습니까? 굉장히 아름다운 컴퓨터죠? 현대미술 작품으로 예술적 가치를 인정받아서 여러 나라의 미술품을 전시하는 박물관에도 전시되어 있습니다. 애플의 G4 큐브라고 하는 모델인데, 미국 뉴욕에 있는 현대미술관에도 전시되어 있어요. 더 놀라운 건 이 컴퓨터가 1998년에 나온 컴퓨터라는 것입니다. 지금 봐도 디자인이 놀랍도록 아름다운데, 이걸 1998년에 출시하다니

창의성이 없는 게 아니라 꺼내지 못하는 것입니다

애플의 디자인 능력에 감탄
하게 됩니다.

| G4 큐브 컴퓨터

이 아름다운 디자인 때문
에 수많은 사람들이 1990년
대 후반에 이 컴퓨터를 열광
적으로 '라이크'했어요. 저도
당시에 20메가가 넘는 G4 큐
브 컴퓨터 이미지를 다운받
았습니다.

여러분은 잘 모르겠지만 당시는 전화선을 이용하는 모뎀으로 다
운로드받던 시대예요. 그래서 컴퓨터로 인터넷에 접속하면 그 집은
계속 통화 중이 됩니다. 그때 20메가 다운로드 받으려면 40분이 걸
렸습니다. 그래서 저도 G4 큐브 컴퓨터의 이미지를 다운받기 위해
우리 집 전화를 40분간 통화 상태로 만들었는데, 집에 가스불 좀 끄
라고 전화했던 아내가 통화가 안 되니까 결국 집에 돌아왔어요. 그
래서 아내에게 혼났던 기억이 납니다.

G4 큐브 컴퓨터의 이미지 파일을 열어본 순간 경이로움을 느꼈
습니다. 이렇게 아름다운 컴퓨터가 있다니…… 2019년에 봐도 아름
다운 컴퓨터인데 이걸 20년 전에 봤으니 얼마나 감탄했겠어요. 이미
지만 공개됐는데도 사람들이 어마어마하게 좋아하니까, 애플은 어

떻게 판단했겠습니까? 많은 사람들이 원할 거라고 생각해서 많이 만들었습니다. 그런데 G4 큐브는 애플이 지금까지 만든 컴퓨터 중 가장 참혹한 판매 실적을 기록한 컴퓨터입니다. 왜인지 아세요? 너무 불편해요.

컴퓨터를 이렇게 아름답게 만들려다 보니까 중요한 부품 달 자리 하나 만들기도 어려웠던 겁니다. 컴퓨터 전원 버튼을 누르면 "웽" 하는 소리와 함께 팬이 돌아갑니다. 컴퓨터의 과열을 막아 주는 것이 팬의 역할이에요. G4 큐브는 아름다운 디자인 때문에 팬을 달 위치를 만들지 못했어요. 그래서 발열 문제가 심각했습니다. 전 세계에서 가장 뜨거운 컴퓨터가 나온 거지요. 어느 정도로 심했는가 하면, 조건에 따라서는 대여섯 시간 정도 켜놓으면 뒤에 금이 갔다고 합니다.

전 세계에서 가장 아름다운 컴퓨터면 뭐합니까? 불편한데. 아무도 원하지 않은 거죠. 아무리 '라이크'해도 누구도 '원트'하지 않는다는 거예요. 애플이 이것 때문에 몇 년 동안 되게 힘들었습니다.

저한테도 좋아는 하지만 갖고 싶진 않은 것이 많습니다. 라이크는 지구 끝까지 가는데, 원트는 조금도 없는 경우가 있어요. 그게 바로 소녀시대예요. 저는 소녀시대를 너무너무 '라이크'해요. 그런데 원트는 하지 않아요. 저는 소녀시대랑 같이 살고 싶은 마음은 조금도 없어요. 불편하고, 굉장히 괴로운 일이 많을 것 같아요. 저는 지금

창의성이 없는 게 아니라 꺼내지 못하는 것입니다

저랑 같이 살고 있는 여자분이 훨씬 '원트'해요. 그분과 있으면 훨씬 안락하고 평화로워요. 여자분들이 아셔야 할 게 있습니다. 이것도 애정이에요.

원트만 있고 라이크는 없던 딸아이는 원하던 풍선을 가지게 되니 불편함은 사라졌지만 라이크가 없으니까 오랫동안 안 가지고 있었죠? 반면에 애플의 G4 큐브는 아무리 라이크해도 불편하니까 원트가 없었죠? 그런데 라이크는 길게 가는 거니까 지금도 남아 있겠지요?

애플의 G4 큐브는 아직도 사람들이 케이스만 구입합니다. 어떤 정신 나간 사람이 지금으로부터 20년 전 PC 케이스를 돈 주고 사겠어요? 그런데 G4 큐브의 케이스는 미국의 이베이, 우리나라로 치자면 옥션 같은 곳에서 50~100달러에 팔리고 있어요.

원트와 라이크가 이렇게나 다른 것입니다. 여러분이 어떤 사람에 대해서 혹은 우리 자신에 대해서 원트와 라이크를 하나씩 다 떼어 내서 확인해 보는 시간을 가지면, 굉장히 중요한 발전들을 이룰 수 있고, 굉장히 심각한 낭비들을 막아 낼 수 있습니다.

경험을 통해
연결하라

우리가 하는 경험에는 직접 경험과 간접 경험이 있습니다. 직접 경험은 자신이 직접 체험해 얻는 경험이고, 간접 경험은 독서나 영화, 공연 등을 관람해 간접적으로 얻는 경험을 말합니다. 즉, 직접 경험과 간접 경험의 가장 큰 차이는 머리가 아니라 손발에 있습니다. 보고 듣는 감각을 통해서만 경험하는 간접 경험과 달리 직접 경험은 직접 만지거나 향을 맡거나 맛을 볼 수 있습니다. 이를테면 사과밭에서 손수 사과를 딸 경우 시각과 청각뿐 아니라 영상으로 보았을 때는 느낄 수 없었던 촉각, 후각, 미각까지도 사용하게 됩니다.

사람의 뇌는 두 가지 감각만을 가지고 경험할 때보다 다섯 가지

창의성이 없는 게 아니라 꺼내지 못하는 것입니다

감각을 다 가지고 경험할 때 그것을 진짜 경험으로 인식합니다. 그리고 사용하는 감각 기관이 많을수록 뇌가 더 활성화됩니다. 오로지 시각과 청각만을 사용하는 간접 경험은 사람의 뇌에 오랫동안 저장되지 않아요. 특히 시각 정보는 '건조한 정보'로 사람의 정서를 건드리는 기능이 약합니다.

우리가 최대한 많은 경험을 해야 하는 이유는 그 경험을 통해 얻은 다양한 정보를 훗날 필요할 때 다시 떠올려 사용하기 위해서입니다. 그러려면 우리가 한 경험이 기억 속에 잘 저장되어 있어 꺼내고 싶을 때 꺼낼 수 있어야 합니다. 그런데 간접 경험과 같이 감정을 건드리지 못한 경험은 대체로 다시 꺼내기가 어렵습니다. 애당초 기억속에 온전히 저장되지 못했기 때문입니다. 이는 우리의 경험으로도 충분히 확인할 수 있는 일입니다.

예를 들어 봅시다. 지난 2학기 개학식 날을 떠올리면 어떤 것이 생각나나요? 긴 방학이 끝나고 오랜만에 만난 친구들과 나눈 대화 내용보다는 방학 동안 있었던 일을 서로 이야기하느라 떠들썩했던 교실 분위기, 방학식 때와 달리 선선해진 공기, 도란도란 대화를 나누며 느꼈던 편안함 같은 것들이 먼저 떠오를 거예요.

또 다른 예로 우리가 오랫동안 기억하는 말을 생각해 보면, 대체로 우리의 감정을 건드렸던 것들입니다. "오늘 진짜 멋진데", "야, 너 좀 무섭다" 등 감정을 건드려서 기쁘게 하거나 화나게 했던 말들은 잘 잊히지 않습니다.

이처럼 정서나 감정을 건드린 경험은 기억 속에 쉽게 저장되며 훗날 필요할 때 쉽게 꺼낼 수 있기 때문에 우리는 최대한 직접 경험을 많이 할 필요가 있습니다.

직접 경험의 효과가 큰 것은 사실이지만 그렇다고 간접 경험이 의미 없는 것은 아닙니다. 현실적으로 사람은 세상의 모든 일을 다 경험할 수 없습니다. 간접 경험은 우리가 미처 체험하지 못했던 것들을 간접적으로나마 알게 해준다는 장점이 있습니다.

그중에서 독서는 간접 경험 중에서도 상당히 적극적인 경험에 속합니다. 앞서 독서가 깊은 사고를 할 수 있게 해 뇌의 시냅스 형성을 자극한다고 말한 바 있는데, 그 외에도 독서는 뇌질환에 대한 면역력을 높여 줄 뿐 아니라 스트레스 해소에도 도움을 준다고 합니다.

영국의 서식스 대학교 인지신경심리학 데이비드 루이스 David Lewis 박사 연구팀은 스트레스 해소법으로 독서를 권하기도 했습니다. 이 연구팀의 연구 결과에 의하면 책을 6분 정도 읽을 경우 스트레스는 68% 감소하고, 심장 박동수는 낮아지며 근육의 긴장이 풀린다고 합니다.

독서의 효과는 이뿐만이 아닙니다. 독서는 자기 자신을 바라보게 만들기도 합니다. 이제까지 자신이 알고 있던 세상은 단 한 권의

책으로도 더 확장될 수 있습니다. 독서를 통해 경험하지 않아서 몰랐던 세상의 일, 감각, 정서, 철학 등을 접함으로써 한 단계 더 높은 수준의 세상을 보게 되는 것이지요. 이를 통해 지금의 자신을 반성하거나 성장하게 되며, 타인에 대한 공감 능력도 높아집니다.

　마지막으로 독서는 행복감을 느끼게 해줍니다. 한 권의 책을 다 읽었을 때 느끼는 성취감이 행복 호르몬이라 불리는 도파민의 분비를 늘려 행복감으로 이어지는 것이지요.

8장

좋아하는 것을 알면
보이지 않는 게
보인다

지금으로부터 20년 전에 인지심리학자들이 생물학자들에게 인간의 욕망에 어떻게 접근해야 하는지와 관련해서 진지한 질문을 던진 적이 있습니다. '복잡미묘한 인간의 욕망을 세포들은 하나하나 기억하고 있을까? 인간의 욕망을 어떻게 풀어야 하지?' 그때 생물학자들이 인지심리학자들에게 해준 조언은, 세포의 작동 방식을 생각했을 때 결과가 복잡할수록 시작은 단순할 수 있다는 것이었습니다. 세포는 실제로 이분법적으로 움직이거든요. 갈까 말까, 앞으로 갈까 뒤로 갈까. 세포는 한 번에 하나의 결정만 내립니다.

보통 욕망이라고 하면 우리는 성욕, 식욕, 명예욕, 금전욕 같은 것을 떠올립니다. 매슬로우Abraham Maslow라는 학자는 인간의 욕구를 다섯 개의 위계로 나누어서 피라미드 형태로 정리하기도 했지요. 하지만 그것들은 모두 인식 가능한 도구였을 뿐, 인간의 욕망은 훨씬 단순할 수 있다는 깨달음을 얻은 것입니다. 세포처럼 이분법적인 구조로 인간의 욕망을 바라봤더니 그간 고민했던 것들이 다 풀렸어요.

인간의 욕망은 두 가지 축으로 되어 있습니다. 하나는 내가 바라고 소망하는 일이 일어났으면 좋겠다고 하는 욕망입니다. 이걸 인지심리학자들은 접근^{approch} 동기라고 부릅니다. 너무 욕망, 욕망 하면 〈사랑과 전쟁〉 같잖아요. 다른 하나는 내가 싫어하거나 무서워하거나 혐오하는 일이 안 일어났으면 좋겠다고 하는 모든 종류의 감정입니다. 이걸 인지심리학자들은 회피^{avoidance} 동기라고 부릅니다. 이러한 욕망은 사람을 변화시키는 힘으로 작용합니다. 이 두 욕망을 적절히 자극하면 사람은 보다 좋은 결과를 만들어 낼 수 있습니다.

접근 동기는 라이크를 만들어 내고, 회피 동기는 원트를 만들어 냅니다. 접근 동기는 바라고 소망하는 것을 가져서 무엇인가를 향상시키는 데 도움이 되고, 회피 동기는 싫어하거나 무서워하는 것을 막아 예방하는 데에 도움이 됩니다. 만약 '나는 의사가 되고 싶어. 그러려면 좋은 성적을 받아야 하니까 지금보다 더 열심히 공부해야지'라고 각오를 다진다면 이는 접근 동기에 해당합니다.

자, 그렇다면 이 두 동기가 우리 인생에 어떤 의미를 던지느냐가 분명해집니다.

상대 비교와 질적인 차이,
무엇을 추구할 것인가?

여기 두 대의 자동차가 있습니다. 자동차 A는 연비, 출력, 최고속
력 모든 면에서 자동차 B와 비교했을 때 상대적으로 우수한 자동차
입니다. 그렇다고 자동차 B는 형편없는 자동차냐? 꼭 그런 것은 아
닙니다. 상대 비교에서 A한테 밀리고는 있지만, 자동차 B는 자동차
A에는 없는 내비게이션과 선루프가 있습니다. 여러분은 어떤 자동
차가 더 좋은가요?

불편함으로부터 벗어나고 싶거나 나한테 이런 일은 안 일어났으
면 좋겠다 하는 회피의 욕망, 그러니까 원트만 있는 사람들에게는
A가 더 좋은 자동차입니다. "그래서 당신은 어떤 자동차를 원합니

창의성이 없는 게 아니라 꺼내지 못하는 것입니다

	자동차 A	자동차 B
연비	16.3km/L	15.3km/L
출력	190마력	180마력
최고속력	200km	180km
내비게이션	X	O
선루프	X	O

까?" 하고 물어보면 사람들은 A를 원한다고 말합니다. 하지만 "어떤 자동차가 당신이 더 좋아하는 자동차입니까?" 하고 물으면 사람들은 B가 더 좋아하는 자동차라고 대답합니다. 원트는 상대 비교에 더 민감하게 만듭니다. 그런데 라이크, 내가 좋아하는 일을 할 때는 상대 비교의 적용을 받지 않습니다.

여러분, 우리는 왜 더 높은 연봉, 더 큰 집, 더 좋은 자동차를 원하는 것일까요? 그것은 회피 동기에 의해 움직이기 때문입니다. 내 인생에 이런 일이 안 일어나야 한다는 생각을 주로 하는 거지요. 그런데 내가 좋아하는 것이 무엇인지 알고, 그것을 가지고 있다면 그러한 게임의 룰에서 벗어날 수 있습니다. 나보다 더 큰, 나보다 더 많은, 나보다 더 빠른 무언가를 소유한 사람으로부터 관심이 멀어지게 되고, 나만 가지고 있는 특징들을 향해 진정으로 관심을 가지게 됩니다.

'재능이 있는 사람은 노력하는 사람을 이길 수 없고, 노력하는 사람은 즐기는 사람을 이길 수 없다'라는 말이 있습니다. 어떤 일을 할 때 그 일을 즐기는 사람은 굳이 의지를 굳건하게 다지지 않아도 시간과 공을 들여 노력합니다. 자신이 즐거우니 자연스럽게 하는 것이지요. 이때 즐기는 사람은 노력을 노력으로 생각하지 않습니다. 좋아서, 즐거워서 하는 일이기 때문에 노력이 일종의 놀이가 되는 것이지요.

재능은 별다른 어떤 것이 아닙니다. 자신이 좋아하는 것을 찾아 즐겁게 하는 것이 바로 재능입니다. 이러한 이유로 라이크에는 재능, 노력, 즐기는 마음이 다 포함되어 있다고 할 수 있습니다. 그런데 이 접근 동기는 자신이 무엇이 되고 싶고 하고 싶은지 알아야 건드릴 수 있습니다. 그런데 불행히도 우리는 나 또는 상대가 싫어하거나 무서워하거나 피하고 싶은 것만 많이 알고 있습니다. 이 이야기는 뒤에서 좀 더 자세히 설명해 드리겠습니다.

창의성이 없는 게 아니라 꺼내지 못하는 것입니다

접근 동기는 기쁨과 슬픔, 회피 동기는 안도와 불안을 유발한다

접근 동기와 회피 동기가 중요한 이유는 나머지 조건이 같아도, 이 동기 중 어느 것에서부터 출발하느냐에 따라 완전히 다른 세상을 경험하기 때문입니다. 예를 한번 들어 보겠습니다. 영희와 철수 두 학생이 있습니다. 4개월간 두 학생이 같은 반, 같은 교실에서 같은 선생님 아래서 똑같은 정도로 열심히 공부를 합니다. 심지어 목표도 같습니다. '이번 기말고사에서 평균 90점을 넘는 것'이 두 학생의 목표입니다. 그런데 이 4개월을 시작하는 첫날 두 학생이 가진 욕망만 서로 다릅니다.

영희는 접근 동기를 가지고 있습니다.

"영희야, 너 이번 기말고사에서 평균 90점 넘기면 니가 좋아하는 제주도 아빠가 보내 줄게."

아빠가 영희의 접근 동기를 건드린 것이죠? 참고로 말씀드리면 인간 다음으로 똑똑하다는 침팬지를 30년 훈련시켜도 이런 대화를 하지 못합니다. 모든 동물은 자신의 회피 동기, 접근 동기를 그저 충족시키며 살아갈 뿐입니다. 그런데 인간은 세 치도 안 되는 짧은 혀로 하루에도 수십, 수백 명의 접근 동기, 회피 동기를 건드립니다.

반면에 철수는 회피 동기를 가지고 있습니다. 철수 아빠가 이렇게 말했기 때문입니다.

"철수야, 너 이번 기말고사에서 90점 못 넘기면 해병대 캠프 보내 버린다."

완전히 똑같은 과정을 거친 4개월 후에 누가 기말고사 평균 점수 90점을 넘겼을까요? 영희가 평균 90점을 넘겼습니다. 무척 기쁘겠지요? 그토록 가고 싶던 제주도에 갈 수 있으니까요. 하지만 90점을 넘기지 못했다면 슬퍼할 것입니다. 긍정적인 결과가 나오지 않았으니까요.

철수한테 한번 가볼까요? 철수가 평균 90점을 넘겼습니다. 그거랑 철수가 무슨 상관이 있겠습니까? '휴, 살았다' 하고 안도하겠지요. 철수가 느낀 안도, 안락, 평화의 정서는 영희처럼 좋은 정서가 아닙니다. 나쁜 게 막아진 것이니까요. 90점을 받지 못했을 때의 정서

창의성이 없는 게 아니라 꺼내지 못하는 것입니다

도 같습니다. '이제 난 죽었다' 하겠지요. 슬픈 거랑 아무 상관 없습니다. 공포, 불안, 두려움을 가지게 됩니다.

재미있는 것은 슬픈 사람일수록 행복한 영화를 많이 빌려 봅니다. 하지만 불안한 사람은 행복해지는 데 관심이 없습니다. 안심하는 것이 목적이죠. 그리고 그 두 사람끼리는 대화하기가 힘들어집니다. 다시 말해, 영희의 욕망을 건드려서 해야 할 일이 따로 있고, 철수의 욕망을 건드려서 해야 할 일이 따로 있는 것입니다. 그런데 우리 인류는 한 번도 그것을 생각하지 못했습니다.

당장 해야 하는 일
vs. 오래 해야 하는 일

어떤 일을 접근 동기로, 어떤 일을 회피 동기로 접근해야 할까요? 그 첫 번째는 시간의 법칙입니다. 지난 수십 년간 수천 개의 연구와 수만 개의 커뮤니케이션을 분석해 보면 다음 그림 한 장으로 요약됩니다. 왼쪽이 현재이고 오른쪽으로 올수록 미래입니다. 왼쪽에 있는 일은 지금 당장 해야 하는 일이고, 오른쪽으로 갈수록 오래 하고 길게 해야 하는, 일의 결실이나 결과도 먼 미래에 볼 수 있는 일입니다.

길게 해야 하는 일, 다시 말해 그 결과나 결실을 먼 미래에나 볼 수 있는 일은 접근 동기를 건드려야 합니다. 좀 더 쉽게 말씀드리면

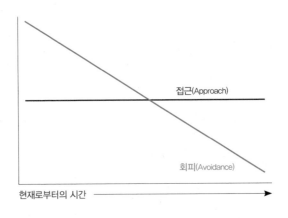

접근(Approach)

회피(Avoidance)

현재로부터의 시간 ──────────────────▶

| 〈시간과의 상호작용〉

그 일을 하는 사람이 나든, 타인이든 그 사람으로 하여금 그 일을 오래 하게 만들려면 그 사람이 뭘 좋아하는지, 라이크를 알아내야 한다는 것입니다. 접근 동기를 주고받으려면 그 사람도 내가 뭘 좋아하는지 알아야 합니다. 반대로 지금 당장 무언가를 하게 만들려면 그 사람이 뭘 좋아하는지를 건드려 봤자 별 소용이 없습니다. 그 사람이 뭘 싫어하는지를 알아야 합니다.

이 현상은 일상생활에서 대화, 회의, 광고 카피, 기업의 캐치프레이즈, 정부의 아젠다(의제) 등 분야를 막론하고 일관적으로 관찰되는 현상입니다. 인지심리학자들이 이걸 최근에 알아내고 뿌듯해하고 있었는데 저희보다 먼저 알아낸 위대한 분들이 계시더라고요. 바로 보험회사입니다.

돈을 길게 부어서 먼 미래에 혜택 보는 은퇴설계 프로그램과 언제 일어날지 모르는 위험을 오늘부터 990원씩 부어서 막자는 실손보험은 완벽하게 마케팅의 콘셉트와 방법이 다릅니다. 모든 종류의 은퇴설계 프로그램은 반드시 접근 동기만 건드립니다. 행복한 노부부의 원더풀 라이프만 보여 주지요. 하지만 실손보험 광고의 기본 콘셉트는 '이런 꼴 안 당하려면'입니다. 그래서 인지심리학자들은 존경의 마음을 담아 보험회사를 이렇게 부르고 있습니다. '실전 심리학자.'

그런데 문제는 같은 시간이라도 사람에 따라 전혀 다르게 느끼는 경우가 비일비재하다는 것입니다. 1년은 긴 시간일까요? 짧은 시간일까요? 어떤 사람에게는 길고, 어떤 사람에게는 짧습니다. 바로 여기에 두 사람만 모이면 갈등이 일어나는 원인이 있습니다. 그리고 그렇게 나뉘는 기준은 바로 경험과 연령입니다.

얼마나 이런 일이 우리 주변에서 빈번하게 일어나는지 예를 들어 보겠습니다. 열일곱 살인 학생이 고등학교에 들어가자마자 '나 공부 열심히 해서 대학 가야지'란 결심을 합니다. 그러자면 최소 3년은 열심히 공부해야겠지요? 그런데 이 아이에게 3년이라는 시간은 영겁과도 같이 긴 시간입니다. 10대는 세월이 시속 10km로 가잖아요. 그런데 이 학생을 늦둥이로 낳아서 애지중지 키우고 있는 엄마

창의성이 없는 게 아니라 꺼내지 못하는 것입니다

는 50대 초반입니다. 세월이 시속 50km로 가요.

학생은 접근 동기를 자극하고 싶은데, 그 시간을 5분의 1로 짧게 느끼는 엄마는 회피 동기를 자극하죠. "너 저렇게 되지 않으려면 공부 열심히 해." 전문용어도 사용합니다. "잉여인간이 되지 않으려면 공부 열심히 해야지." 살신성인도 합니다. "엄마처럼 살지 않으려면 공부 열심히 해."

그래서 엄마가 아무리 잔소리를 해도 아이가 그 동력을 오래 못 받는 것입니다. 같은 시간이어도 짧게 느끼기 때문이지요. 이것은 직장에서 일어나는 일이기도 합니다. 보통 리더가 나이와 경험이 더 많거든요. 그래서 같은 시간도 짧게 봅니다.

여러분보다 나이 많은 부모님이나 선배들은 시간이 빨리 갑니다. 시간이 짧게 느껴지니까 회피 동기로 가 있습니다. 그래서 그분들은 걱정이 많습니다. 반면 나이가 어린 사람들은 시간이 느리게 가니까 접근 동기로 가 있습니다. 나보다 나이가 많은 사람과 소통을 잘하려면 회피 동기를 건드려야 하고, 여러분처럼 나이가 어린 사람에게는 그것을 하면 얼마나 좋은 걸 가질 수 있을지 얘기해야 소통이 잘 일어납니다. 그런데 이 지구상에 사는 인류 중 열에 아홉이 이걸 거꾸로 하고 있다고 합니다.

아이들이 접근 동기를 건드려 주기를 얼마나 바라고 있었는지를 보여 주는 사회적 현상이 있었습니다. 전라남도 지역에 살고 있는 어느 학생이 몇 년 전에 아무 생각 없이 자기 반의 급훈을 찍어서 올렸습니다. 그런데 그걸 보고 전국의 수백만 중고등학생이 난리가 났어요. 그 학교에 가서 인증샷도 찍고 옵니다. 어른들이 볼 때는 이런 급훈을 진짜로 올리다니 그 교사가 이상한 게 아닌가 싶은데 말이죠.

여러분도 기억나실 겁니다. 그 급훈이 바로 '30분 더 공부하면 미래 배우자의 얼굴이 바뀐다'입니다. 아이들이 이 급훈에 열광한 이유는 건국 이래 최초로 자신들의 접근 동기가 건드려졌기 때문입니다. 낙관과 긍정은 '욕구'라는 걸 이해해야만 도달할 수 있는 아주 정교한 부품입니다. 노력과 결심은 절반밖에 영향을 미치지 못합니다. 그러니 내 욕구와 상대방의 욕구를 호환성 있게 일치시켜야 합니다.

ME vs. ƧE

두 번째는 자아의 법칙입니다. 우리 인간은 두 가지 자아가 있습니다. 영어 공부할 때 1인칭 단수 대명사, 1인칭 복수 대명사 배우죠? 단수는 나, 복수는 우리예요.

여러분에게 두 가지 질문을 드리겠습니다.

"여러분은 어떻게 살고 싶으세요?"

"여러분의 가족이 어떻게 지냈으면 좋겠어요?"

이 질문에 대한 답에서 차이점을 발견할 수 있습니다. "어떻게 살고 싶으세요?" 했을 때는 '나는me', '행복하게'라는 답이 많이 나오는 반면, "가족이 어떻게 지냈으면 좋겠어요?" 하고 물었을 때는 '우리는we', '평화롭게'라는 답이 많이 나옵니다.

나me는 좋은 걸 가지고 싶은 자아입니다. 우리we는 좋은 걸 가지고 싶기보다는 나쁜 걸 막아 내고 싶은 자아입니다. 그래서 우리 인간은 '나'를 떠올릴 때는 좋아지고 기뻐지고 행복해지고 싶은데, '우리'를 떠올릴 땐 평화로워지고 싶고 나쁜 일이 안 일어나길 바랍니다. 즉 '나'는 접근 동기이고, '우리'는 회피 동기예요. 이것은 전 세계 어디서나 일어나는 공통적인 현상입니다.

그런데 나쁜 걸 막아 내고 싶은 자아인 '우리'라는 말을 전 세계에서 가장 많이 쓰는 나라가 있습니다. 바로 우리나라입니다. 전 세계 어디에도 없는 충격적인 표현들이 난무합니다. 우리 남자친구, 우리 여자친구, 우리 남편, 우리 아내……. '우리 아내'를 영어를 바꾸면 'our wife'가 됩니다. 외국인들이 기절초풍하는 표현입니다.

혼자 사는 사람도 자기 집에 놀러 오라고 할 때는 "우리 집에 놀러 와" 하고 말합니다. 무남독녀 외동딸도 아빠를 부를 때 "우리 아빠"라고 불러요. '내 아빠'라고 하면 문법적으로는 더 정확해졌을지 몰라도 버르장머리 없어 보입니다.

서양 언어는 물론이고 아시아권 언어들도 내가 다니는 학교를 'my school'이라고 하지 'our school'이라고 하지 않습니다. 내가 사는 나라도 'my country'라고 표현합니다. 친구들이랑 뉴스 보면서 한번 이렇게 얘기해 보세요. "요즘 '내 나라'가 왜 이렇게 시끄럽냐?"

창의성이 없는 게 아니라 꺼내지 못하는 것입니다

그러면 친구들이 대번에 이렇게 말할 거예요. "니가 이 나라 샀냐?"

  한국 사회는 극단적인 '우리' 사회입니다. 그 말은 회피 동기가 강한 사회라는 뜻입니다. 대부분의 생각과 행동을 '~되지 않기 위해서' 한다는 것이지요. 그렇게 되지 않으려고, 그것만큼은 막으려고 생각하고 행동합니다. 물론 그것도 중요하지만 너무 회피 동기가 강하다 보니 문제가 생깁니다. 나쁜 걸 막아 내고 그 일만큼은 안 일어나게 하는 것에 대해 너무 많이 생각하다 보니까 나 자신과 다른 사람이 무엇을 싫어하는지에 대해서만 너무 잘 알아요. 뭘 좋아하는지는 모릅니다.

나에게 정말 가치 있는 것은 무엇인가

다시 말씀드리자면, 우리 인간에게는 접근과 회피라는 두 개의 욕망이 있어요. 이 접근과 회피라는 두 개의 욕망 중에 여러분은 어떤 욕망을 가지고 있나요? 대부분 내가 싫어하거나 무서워하거나 피하고 싶은 것만 알고 있습니다. 내가 뭘 좋아하는가를 대부분 몰라요. 초등학교 2학년만 되어도 내 주위에 있는 사람들과의 관계 속에서 상대가 뭘 싫어하는지는 알지만, 뭘 좋아하는지는 잘 알지 못합니다.

제가 얼마 전에 초등학교 2학년 교실에 들어가서 아이들에게 물어 봤습니다.

"너랑 엄마 사이에서 어떤 일이 일어나면 엄마가 싫어하셔?"

2분을 주니까 아이들이 빛의 속도로 써 내려가기 시작합니다. 양말을 아무데나 벗어도 안 되고, 이를 안 닦고 자도 안 되고, 게임을 많이 해도 안 되고, TV를 오래 봐도 안 되고…… 막 홀린 듯이 써 내려 갑니다. 엄마가 싫어하는 행동에 대해 2분 동안 평균 17개를 쓰더라고요. 시간이 다 되어서 제가 "이제, 스톱. 자, 그만" 했더니 아이들이 전부 이구동성으로 이렇게 외칩니다. "시간이 모자라요. 시간 좀 더 주세요!"

이번에는 같은 학년 옆 반인 2반으로 가서 이렇게 물어봤습니다. "너랑 엄마 사이에서 어떤 일이 일어나면 엄마가 좋아하셔?"

2분은 무슨, 2초만 줘도 되더라고요. 아이들이 두 글자 달랑 쓰고 저를 멀뚱멀뚱 바라봅니다. 그 두 글자가 뭐겠어요? 공부. 끝! 엄마가 뭘 싫어하는지는 2분 안에 17개를 쓰면서 엄마가 뭘 좋아하는지는 공부 말고는 모르는 겁니다.

엄마가 이 지경이니 아빠는 더 볼 만하겠죠? 제가 '무려' 중학교 2학년 학생 950명에게 너희 아빠가 제일 좋아하는 음식 다섯 개를 써보라고 했습니다. 그리고 그 아이들의 아빠 950명에게 일일이 다 전화하고 문자해서 본인이 제일 좋아하는 음식 다섯 개를 알려 달라고 했습니다. 양쪽을 비교하면 아이들이 몇 개나 자기 아빠가 좋아하는 음식을 맞췄는지 알 수 있겠지요.

정말 너그럽게 채점했습니다. 웬만하면 맞는다고 해줬습니다. 그런데 자기가 쓴 것과 아빠가 쓴 것이 세 개 이상 겹친 학생이 950명 중에 불과 7명 나왔어요. 더 놀라운 것은 무려 200명 가까운 학생들이 다섯 개를 다 채우는 것 자체를 못 했어요. 그만큼 우리는 나에 대해서든, 타인에 대해서든 뭘 좋아하는지 잘 알지 못합니다. 뭘 싫어하는지는 귀신같이 알면서.

대기업 회장님을 모시는 비서실장들도 만났어요. 거의 100명이 넘는 비서실장을 만나서 이렇게 물어봤습니다.

"실장님이 모시고 있는 CEO 또는 대표님께서는 무엇을 좋아하세요?"

저는 분명 무엇을 좋아하는지 물어봤는데, 거의 80%의 분들이 이런 안타까운 대답을 했습니다.

"아 네, 저희 대표님은 시끄럽게 하지 않는 거 좋아하십니다."

이것이 바로 우리가 자주 하는 착각입니다. 그 사람이 뭘 싫어하는지를 알아 놓고, 내가 그걸 없애 주거나 막아 주면 그 사람이 기뻐하고 행복할 거라고 착각합니다. 회피의 욕망을 '원트'를 통해서 충족시켜 놓고, 접근의 욕망인 '라이크'가 완성될 거라고 착각하는 것이지요. 이 착각 하나만 버려도, 우리 인생에서 놀라운 것들을 볼 수 있게 됩니다.

오늘부터 원트와 라이크를 구분하면서 정말로 내가 같이 가야 되

창의성이 없는 게 아니라 꺼내지 못하는 것입니다

는, 그리고 정말로 나한테 가치 있고 의미 있는 무언가를 한번 발견해 보면 나머지 보지 못했던 절반을 볼 수 있을 거라고 확신합니다.

사람 때문에 힘들 때
몸을 먼저 돌봐야 하는 이유

회피 동기와 관련해 최근에 나온 의미 있는 연구가 한 가지 있어 여러분에게 소개하고자 합니다. 여러분이 교통사고로 허리를 다쳐서 진통제를 먹으면 그 약효가 허리로 갈까요? 뇌로 갈까요? 진통제의 약효는 상처 부위로 가는 것이 아니고 우리 뇌의 양쪽 관자놀이 부근에 있는 오백 원짜리 동전만 한 영역, 앤테리어 싱글레이트 콜택스anterior cingulate cortex라고 하는 곳으로 갑니다.

이름이 너무 어렵지요? 그런데 우리말로 바꾸면 웃기게 변합니다. 전측 대상회. 무슨 가게 이름 같죠? 연구자들끼리는 ACC라고 줄여서 부르는데, 이곳이 고통의 중추입니다. 여기가 활동하면 우리

창의성이 없는 게 아니라 꺼내지 못하는 것입니다

가 고통스럽다고 느끼는 거예요. 뼈가 부러졌든, 살점이 떨어져 나갔든 진통제를 복용해서 ACC가 담당하는 영역을 진정시키는 것이 우리가 통증을 다스리는 방식입니다.

그런데 문제는 살점이 떨어져 나가거나 뼈가 부러지지 않았는데도 사람 때문에 고통스러울 때가 많다는 것입니다. 사랑하는 사람과 헤어지면 고통스러워요. 친한 친구가 전학만 가도 많이 힘듭니다. 상대방이 자꾸 나에게 상처 주는 말을 해도 힘듭니다. 배신의 고통은 말할 것도 없고요. 이별, 갈등, 배신, 이 세 가지로 인해 우리는 힘들 때가 많습니다. 이건 눈에 보이는 상처가 없잖아요. 그런데도 너무너무 고통스럽습니다.

그래서 이 고통을 뇌의 어디에서 느끼는지를 연구했더니, 놀랍게도 같은 곳, 앤테리어 싱글레이터에서 담당하고 있었어요. 교통사고를 당해서 생긴, 피가 철철 나고 뼈가 부러지는 고통과 이별, 갈등, 배신 때문에 생긴 고통을 우리 뇌에서는 구별하지 않습니다. 정확히 같은 지점에서 처리합니다.

그 와중에 무척 독특한 심리학자들이 2010년에서 2012년 사이에 나옵니다. 뼈가 부러지거나 다쳤을 때 진통제 먹으면 효과가 있는 것처럼, 사람 때문에 고통스러울 때도 진통제를 먹으면 효과가 있을까요? 효과가 있다고 합니다. 이들의 연구를 두고 처음에는 엄청난 논란이 있었습니다. 저는 이런 논문을 쓴 사람들이 역대급 사기'를 치고 있는 거라고 생각했어요. 그래서 많은 연구자가 이 연구가 사기라는 것을 입증하고자 더 많은 사례를 가지고 더 정밀하게 연구했는데, 지난 9년간의 연구 결과를 보면 웬걸 효과가 더 높게 나와요.

여러분에게 진통제를 홍보하려고 이런 말씀을 드리는 것이 아닙니다. 사람 때문에 힘들 때마다 진통제를 먹으면 그건 약물 오남용이죠. 드시면 안 됩니다. 다만 이 연구를 하면서 인지심리학자들이 점점 깨닫게 되는 바가 있습니다. 내 주위의 누군가가 사람 때문에 고통스러워하고 있다면, 그 사람이 피를 흘리거나 뼈가 부러진 상태라고 생각하고 돌봐야 한다는 것입니다. 왜? 그 사람의 뇌가 그렇게 느끼고 있기 때문입니다.

사람 때문에 고통을 겪는 사람이 주변에서 받는 배려의 양을 교통사고를 당한 사람의 그것과 비교했더니 20분의 1이 나왔다고 합니다. 그때 면역 체계가 무너지고 병드는 것으로 나와요.

그리고 마지막으로 제일 중요한 한마디를 드리고자 합니다. 이 책을 읽는 여러분도 사람입니다. 내가 사람이라는 걸 잊지 마세요. 사람 때문에 크게 고통 받고 상처받았던 날은, 집에 걸어서 들어가는 것 같지만 여러분은 피 흘리면서 기어가고 있는 것입니다. 그러니 나 자신에게 진짜로 잘해 주세요. 마음의 문제라고 해도 우리는 몸을 먼저 돌봐야 합니다. 마음의 상처지만, 뇌는 지금 뼈가 부러지

창의성이 없는 게 아니라 꺼내지 못하는 것입니다

고 피를 철철 흘리고 있는 것처럼 생각하고 있으니까요.

여러분이 지금 중환자라면 어떻게 해야겠어요? 영양가 좋은 음식을 먹고, 좋은 마사지 받고, 푹 잘 자고, 가장 편안하게 휴식을 취해야겠지요? 자신을 그렇게 잘 돌보아 주세요. 인간은 자기 몸이 건강해야 제대로 된 정신을 만들어 낼 수 있습니다. 그런데 우리는 지금까지 순서를 바꿔서 해왔던 것입니다.

Q&A

답은 '인간다움'에 있습니다

Q 교수님은 인지심리학이 심리학 중에서도 이공계랑 비슷하다고
   하셨는데, 생각이 어떻게 작동하는지를 연구하는 학문이라면 오
   히려 철학과 가깝지 않나요?

A 제가 학생들에게 심리학이 뭔가에 대해 설명해 줄 때 "심리학은
   철학으로부터 쫓겨난 학문"이라고 얘기를 해줍니다. 그러니까 원
   래 심리학자는 철학자들이었어요.(자세한 내용은 1장 참조) 방법을
   달리해서 철학에서 갈라져 나오게 된 사람들이 심리학자들의 첫
   세대입니다. 철학에서 한 얘기를 심리학에서는 부정하는 법이 없

습니다. 오히려 철학자들이 하는 이야기를 심리학자들이 하나씩 증명해 나가는 경우가 많아요. 저는 개인적으로 한 사람의 심리학자로서 철학자들의 생각이 얼마나 맞는지를 심리학이 검증해 준다고 생각해요.

Q 메타인지는 생각에 대한 생각이라고 하셨는데, 그 말씀을 들으며 "너 자신을 알라"라고 말한 소크라테스가 떠올랐습니다. 소크라테스를 인지심리학의 선구자라고 할 수도 있을까요?

A 그렇죠. 소크라테스의 '너 자신을 알라'를 바꾸어 말하면 '나 자신을 아는 능력'이니까요. 나 자신을 아는 능력이 얼마나 중요한가를 말한 것이죠. 굉장히 많은 사람들이 자기가 가진 실제 능력보다 더 잘할 수 있다고 생각하고, 자기가 옳다고 생각하고, 더 중요한 건 상대방도 나처럼 생각할 것이라고 믿습니다. 하지만 대부분 그렇지 않잖아요. 그런데 이 말은 생각해 보니까 저랑 같이 살아 주시는 여자분에게 제가 많이 듣는 말이네요.(웃음)

Q 분명 기억이 안 나서 모른다고 대답했는데, 다른 사람이 말하는 걸 듣고 '나 저거 알았는데' 하고 후회할 때가 있습니다. 그럴 때는 컴퓨터처럼 '내 머릿속에 윈도우 탐색기가 있으면 좋겠다'는

생각이 듭니다. 이럴 때 생각을 잘 찾아내는 방법이 있을까요?

A   방금 전에 말씀하신 걸 일종의 '설단 현상'이라고 합니다. 인지랑 메타인지랑 서로 의견이 안 맞는 거죠. 반대 경우도 있어요. 가끔 TV를 보다 "그 배우 이름이 뭐더라, 아, 아, 아…" 하는데 입에서는 안 나와요. 이 경우는 메타인지는 아는데, 이번에는 인지가 모르는 것입니다.

그럴 때 처음엔 메타인지가 주도권을 잡아요. 이름은 안 떠오르는데, "얘기하지 마, 얘기하지 마, 내가 얘기할 거야" 그러죠. 그래도 안 떠오르면 메타인지가 꼬리를 내리고 인지가 주도권을 잡습니다. 그때 이렇게 얘기하는 겁니다. "첫 글자만 얘기해 봐." 그러니까 그 첫 글자만 있으면 설단 현상이 해결되는 거지요.

그 첫 글자가 바로 단서예요. 생각을 꺼내는 단서를 어떻게 확보하는지 아세요? 여러 가지 내용을 같은 장소에서 공부하지 않는 거예요. 여러 가지 내용이면 그만큼 다양한 데서 공부하고 경험하는 겁니다. 그러면 단서가 여러 곳에 분산이 되어서 잘 떠오르게 돼 있어요. 그러니까 한 장소에서만 공부하는 건 굉장히 위험한 방법입니다.

공부 되게 잘하는 친구들 보면 좀 재수 없어요. 나는 '열공' 하면서 머리 끈 질끈 매고 도서관에서만 공부하는데. 이 인간들은 벤치에서도 공부를 하고 햄버거 집에서도 책 보고 있고, 도서관에서도 보여요. 설렁설렁 공부하는 것 같은데 나보다 이상하게 잘 꺼내요. 이 친구들은 단서들이 여기저기 있기 때문에, 첫 글자를 더 잘 빼내는 거예요.

그러니까 차라리 이렇게 하세요. 영어 공부는 여기서 한다, 수학 공부는 저기서 한다, 이렇게 어느 장소에서 어떤 공부를 한다는 걸 정해 놓고 하면 의외로 여러 군데에서 공부하는 것이 가능합니다.

Q 목표를 가진 다음 낯선 상황으로 나를 이동시키면 창의성을 발휘하게 된다고 하셨는데, 저는 그 목표를 이어 갈 수 있도록 몰입할 수 있는 방법이 궁금합니다.

A 인지심리학 연구에 따르면 '몰입'은 무언가를 계속 하게 하는 원동력이라기보다는 결과에 가까워요. "몰입해야 된다. 그래야 공부 잘하고 성공한다" 이렇게 말씀하시지만, 저는 지금도 몰입을 잘 못해요. 몰입이라고 하면 보통 이런 걸 떠올리지 않나요? 10시간 동안 무아지경 상태로 무언가에 빠져서, '1분도 안 지난 것 같은데 벌써 10시간이나 지났네' 하고 느끼는 판타지를 가지고 있잖아요. 하지만 저는 태어나서 지금까지 한 번도 그렇게 해본

적이 없어요.

하지만 몰입을 하기 위한 상황은 있어요. 멀티태스킹을 하지 않는 것입니다. 껌 씹으면서 단어 외우면 일반적 상태에서 외우는 것보다 암기력이 20% 정도 떨어져요. 어른들이 핸즈프리로 통화하면서 운전하는 건 면허 취소 수준의 음주 상태에서 운전하는 것과 같습니다. 여러 가지를 동시에 하면 한쪽 일도 안 되고 나머지 일도 방해받아요. 절대 몰입할 수 없습니다.

멀티태스킹을 하지 않으려면 치워야 해요. 방을 살짝만 치워 보세요. 쌓인 게 많을수록 더 많이 멀티태스킹을 할 겁니다. 스마트폰이나 노트북을 식탁이나 다른 곳에 잠시 갖다 놓고 공부하면 최소 30분 동안은 완벽하게 몰입할 수 있어요. 옆에 컴퓨터 켜놓고 절대 공부 못 합니다. 저도 스마트폰이 옆에 있으면 논문 두 줄 이상 못 읽어요. 그렇게 하는 30분 몰입이 쌓여서 긴 몰입이 됩니다.

한 가지 더 말씀드리면 몰입을 방해하는 최고의 악마가 무엇인지 아십니까? 최신형 컴퓨터예요. 최신형 컴퓨터는 프로그램을 여는 대로 다 띄워집니다. 그래서 저는 집중력이 떨어질 때마다 8년 전에 썼던 구닥다리 노트북을 책상에 펼쳐 놓습니다. 이 노트북은 느려서 워드 프로그램 하나밖에 못 띄워요. 그걸 가지고 일하면 한 번에 하나씩 의외로 많은 일을 할 수 있습니다.

Q AI와 인간이 함께 살아갈 수 있는 방법 뭐가 있을까요?

A 간단하고 뻔한 것 같지만, 가장 근본적인 대답은 '인간다움'에 있
는 것 같습니다. 저한테 많은 분들이 인공지능 시대가 오면 어떤
직업이 없어질지를 물어보세요. 그러면 저뿐만 아니라 수많은 관
련 분야 연구자들은 이렇게 대답합니다.
"어떤 직업이 없어지는 게 아니라, 그 직업에서 기계적인 일만 하
는 사람들이 사라지는 것입니다."
자율주행 자동차가 개발되어서 상용화되면 운전기사님들은 다
없어질까요? 그런 분들 중에 기계적으로 운전만 하는 분들이 없
어지는 거예요. 승객과 잘 소통할 줄 아는 운전기사님들은 더 귀
해지겠지요. 변호사, 판사도 마찬가지예요. 기계적으로 변호하고
기계적으로 판결 내리는 분들은 다 사라지겠지요. 하지만 사람의
마음을 듣고 공감해 주고 불의한 것에 같이 화를 내주는 분들은
오히려 더 많이 필요해질 것입니다.
사람을 대체하는 AI라고 생각하시면 안 될 것 같아요. 인간다운
것은 인간밖에 없고, 인간과 대화하고 공감할 수 있는 사람이 되
면 절대 없어지지 않습니다.

Q 창의력을 키우기 위해서 아이들에게 어떤 도움을 주고 어떤 교육을 해주어야 할까요?

A 저도 학생들을 가르치고 있기 때문에 늘 고민하고 있는 부분입니다. 우선 창의력이란 표현을 저는 별로 좋아하지 않습니다. '능력'이라고 표현하면 보통은 그 능력치를 올려야 한다고 생각해요. 그래서 계속 그 수치가 올라가지 않으면 불안해합니다. 저는 '투자'의 개념으로 보시라고 말씀드립니다. 투자의 개념으로 보면 지금 당장 눈에 띄게 능력치가 올라가지 않아도 아이들에게 하는 다양한 교육을 불안해하지 않고 하실 수 있습니다.

두 번째로 말씀드리고 싶은 것은 '메타포(은유)'를 많이 경험하게 해주세요. 선생님들의 교안마다 들어가 있는 창의성의 구성요소들, 그러니까 독창성, 융통성, 정교성, 유창성, 상상력 같은 것들은 그저 결과일 뿐입니다. 바꿀 수 있는 것은 하나밖에 없어요. 창조적인 사람들, 뛰어난 사람들은 어릴 때부터 메타포를 많이 경험한 사람들입니다. 사전적 지식이 아니라 메타포가 들어간 것을 많이 경험한 사람들이 나중에 창조적으로 살아갑니다. 그러니까 학생들에게 메타포가 많이 들어간 시, 예술, 그림 등을 많이 경험하게 해주세요. 그렇게만 해주시면 아이들 미래에 가장 중요한 투자를 하시는 것입니다.

Q 이타적인 사람이 더 지혜로워진다고 하셨는데, 이타적인 성향은 타고나는 것인가요?

A 그건 심리학자들에게 100년짜리 고민이었어요. 사이코패스의 상당수가 유전적 영향을 받는 건 분명합니다만, 그런 특이한 케이스가 아닌 경우 이타성은 후천적으로 형성된다고 보고 있습니다. 보통 성격을 말할 때 이런 표현을 많이 쓰지요? 외향적이냐 내성적이냐, 개방적이냐 보수적이냐, 예민하냐 둔하냐. 이러한 성격에 이타성을 묶은 것을 '성품'이라고 합니다. 상당 부분 타고나는 성격이랑은 분명히 다른 거예요.

그렇다면 이타성을 키우려면 어떻게 해야 하느냐. 인지심리학자들은 이타성을 이공계스럽게 '즉시적 만족감의 지연 능력'이라고 정의 내립니다. 내가 지금 목이 마른데 짝꿍의 물이 눈앞에 있어요. 선생님이 와서 "10분 기다리면 네 물이 오니까 조금만 참아" 했는데 이기적인 아이라면 그 10분을 버티지 못하고 짝꿍의 물을 뺏어 먹을 겁니다. 하지만 10분을 기다릴 수 있다면 좀 더 이타적인 아이라고 할 수 있겠지요. 심리학자들은 그 사람이 얼마나 이타적인가를 이렇게 초시계로 잽니다. 그것이 바로 그 유명한 '마시멜로 실험'이에요.

내 아이를, 학생을 이타적으로 만들려면 어떻게 해야 할까요? "엄마 나 뭐 필요해요" 했을 때 바로 "알았어!" 하는 게 아니라 반대로 가야 하는 거지요. 사람의 욕구를 너무 즉시적으로 만족시켜주면, 기다릴 수 있는 능력을 상실합니다. 무조건 즉시 만족하려고 하고 지연시킬 수 없게 되는 것이지요. 그런 사람을 우리는 이기적인 사람으로 선언하게 되고요. 그러니까 조금씩 기다리는 훈련을 시키는 것이 사람을 이타적으로 만드는 첫 번째 기본 단계입니다.

Q 이타적이지 않은 사람을 이타적으로 바꾸는 방법이 있나요?

A 이렇게 위대한 질문을 저에게 던지시네요. 사실 대단히 어려운 일입니다. 사람의 관점이 바뀐다는 건 쉽지 않거든요. 그런데 한 가지 방법이 있기는 합니다. 소원이 생기면 이기적인 사람이 이타적으로 변하는 경우가 많아요. 여러분은 신이 있다면 뭐라고 소원을 빌겠어요? 소원은 대부분 누군가와 함께하는 행복함과 관련이 있습니다. 그런데 이기적인 사람은 의외로 목적만 있고 소원이 없어요. 누군가를 이타적으로 만드는 건 불가능하지만, 소원을 갖게 해주는 것은 가능합니다.

그렇다면 소원은 어떻게 만들 수 있을까요? 즐거운 경험을 많이 해야 해요. 그런데 쾌락적 경험과 즐거운 경험은 완전히 다릅니다. 즐거운 경험은 사람들과 느끼는 행복함이고, 쾌락적 경험은 몸이 즐거운 거죠. 마약이라는 것도 결국은 사람들과의 사이에서 느껴야 하는 애착과 공감, 소통의 즐거움을 그냥 딱 한 번 주삿바늘 찔러 가지고 느끼려고 하는 것이거든요.

사람과의 관계 속에서 느끼는 즐거움, 그러니까 칭찬받고 배려받고 같이 얘기하는 즐거움을 만들어 가면 사람을 조금 더 이타적으로 만들 수 있는 가능성은 있습니다. 그 사람이 소원이라는 걸 가지게 되면 말이죠. 휴, 올해 받았던 질문 중 가장 어려운 질문이었네요.

다음 세대에 전하고 싶은 한 가지는 무엇입니까?

다음 세대를 생각하는 인문교양 시리즈 아우름

아우름 시리즈는 계속 출간됩니다.

아우름 42

창의성이 없는 게 아니라
꺼내지 못하는 것입니다

1판 1쇄 인쇄 2019년 12월 20일
1판 1쇄 발행 2019년 12월 30일

지은이 김경일
펴낸이 김성구

책임편집 류현수
단행본부 고혁 홍희정 현미나
디자인 이영민
제 작 신태섭
마케팅 최윤호 나길훈 김영욱
관 리 노신영

펴낸곳 (주)샘터사
등 록 2001년 10월 15일 제1-2923호
주 소 서울시 종로구 창경궁로35길 26 2층 (03076)
전 화 02-763-8965(단행본부) 02-763-8966(마케팅부)
팩 스 02-3672-1873 **이메일** book@isamtoh.com **홈페이지** www.isamtoh.com

ISBN 978-89-464-7306-5 04080
ISBN 978-89-464-1885-1 04080(세트)

이 도서의 국립중앙도서관 출판시도서목록(CIP)은 e-CIP 홈페이지
(http://www.nl.go.kr/cip.php)에서 이용하실 수 있습니다. (CIP제어번호: CIP2019048013)

값은 뒤표지에 있습니다.
잘못 만들어진 책은 구입처에서 교환해드립니다.